西洋現代

幼児教育思想史

―デューイからコルチャック―

乙訓 稔

東信堂

まえがき

四年前の二〇〇五年四月、著者は「古典となっている……教育家や教育思想家たちの業績を学ぶ契機になることを願う書」として『西洋近代幼児教育思想史』を上梓した。その続編が本書『西洋現代幼児教育思想史』であり、上梓の意図は同様であるが、とりわけ現代の幼児教育思想を単著で集成した書が少ないことから、本書を上梓した次第である。

ところで、現代という時代区分は、社会科学においては第一次世界大戦から第二次世界大戦までを言うが、一般には二〇世紀の始まりから半ば過ぎまでと言ってよいであろう。また、現代の時代的特徴は、時代区分の基準にもなっている二つのそれぞれ五年前後に亘る世界大戦に表象されるように、世界が帝国主義的侵略戦争や覇権を巡る戦争を二つの陣営に分かれて繰り広げ、化学兵器の使用や原子爆弾の投下によって甚大な人的損失と物的被害を招いた「破壊の時代」であったと言っても過言ではない。

一方、哲学思潮では合理主義の復権でもあった新カント派が衰退し、悲観主義や精神的不安の蔓延に伴い、二つの世界大戦の合間に戦争を防げなかった悔恨の代償とも言える実存哲学が勃興し、近代精神としての人間の理性や科学的合理主義が疑問視され、理性への信頼の失墜と人間性の凋落が顕著に意識されるようになった。すなわち、「カントに還れ」を標語として一九世紀後半のドイツに勃興した新カント派のうち、歴史学の哲学的基礎を明らかにした西南ドイツ学派と、自然科学に則って哲学の方法論の確立に貢献したマールブルク学派が、その観念論のゆえに役割を終えた。その後、自然科学の飛躍的な発展による世界と社会の現実に危機を覚え、人間生命の抽象化や機械化に抗して人間の現実存在を実存として捉える哲学、実存哲学が生まれた。実存哲学は、不安や絶望の内に在る人間存在を主体的に把握し、自己の自由と責任を強調する哲学思想であり、第一次大戦後の一九二〇年代末から三〇年代のはじめにドイツにおいて樹立され、第二次大戦後には実存主義としてフランスに波及し、やがて世界に流行する哲学思潮ともなったのである。

他方、このような哲学思潮とは別に、教育の領域では、スウェーデンの社会評論家ケイ（Ellen K. S. Key, 1849-1926）女史が、一九〇〇年に『児童の世紀』を公刊し、これまでに子どもが置かれてきた不幸な環境を告発するとともに、子どもの存在と権利を擁護したのである。まさに、同書は表題からも分かるように、彼女が二〇世紀は子どもの世紀——実際には戦争の世紀となってしまったが——になることを期待した書なのである。

このように、二〇世紀初頭にエレン・ケイ女史をはじめ、アメリカ合衆国のプラグマティズムの哲学者で著名な教育学者デューイ（John Dewey, 1859-1952）やイタリアの教育家モンテッソーリ（Maria Montessori, 1870-1952）女史などが、一八世紀のルソー（Jean J. Rousseau, 1712-1778）とペスタロッチ

(Johann H. Pestalozzi, 1746-1827) やフレーベル (Friedrich W. A. Fröbel, 1782-1852) などの近代教育の思想や実践を復活・復興した教育運動を展開した。教育史上ではそれを「新教育運動」(New Education Movement) と言うが、その教育思潮の主な思想的特徴は「子どもから」(vom Kind aus) を標語とする児童中心主義にある。本書は、この「新教育」(New Education) の教育思想家たちの幼児教育思想を問題とし、二度の大戦を挟んで語られた子ども尊重の思想に焦点を当て、またその思想の展開である「子どもの権利」(die Rechte des Kindes) 論を補足として、彼らの教育思想を解明して要約した論考である。したがって、本書で取り上げた各思想家の「生涯」と「評価」では先行研究や教育史の主な論考を参考にしたが、本文の多くはそれぞれの思想家の原典——スウェーデンのケイとロシアのクルプスカヤについては邦訳を用いた——を解釈し、その要約を中心とした論及となっている。このような本書から、幼児の教育や保育の研究と実践に携わる若い学生諸君や実践者の方々が、少しでも研究と実践に生かすべきものを見出してくださることを希望する次第である。

最後に、折からの厳しい出版事情にも拘わらず、本書の出版を快諾してくださった東信堂の下田勝司社長に、深く感謝を申し上げたい。そして、編集で大変お世話になった同社の向井智央氏に御礼を申し上げたい。

二〇〇九年　新春

著者　乙訓　稔

目次／西洋現代幼児教育思想史

西洋現代幼児教育思想史―デューイからコルチャック―

第一章　ジョン・デューイ

1　生涯

デューイ（John Dewey）は、アメリカ合衆国東部のヴァーモント州バーリントン（Burlington）の食料品店の四人兄弟――長男は夭折――の第三子として一八五九年一〇月二〇日に生まれ、ハイスクールまで地元の公立学校で教育を受けた。その後、教育熱心な母親のお陰で兄や弟と同様にヴァーモント大学に進学し、古典語や自然科学とコント（Auguste Comte, 1798-1857）の実証哲学などを学んだ。二〇歳で大学を卒業した後、ペンシルベニア州のハイスクールで二年間、また翌年のひと冬の間ヴァーモント州の田舎の小学校の教師をした[1]。

一八八二年、デューイはボルティモアのジョン・ホプキンス大学から大学院に進んで哲学を専攻し、ヘーゲル（Georg W. F. Hegel, 1770-1831）の哲学を研究した。一八八四年、論文「カントの心理学」で博士の学位を取得し、同年ミシガン大学の専任講師となった。一八八八年に二九歳でミネソタ大学の教授となり、翌年ミシガン大学の教授として戻り、一八九四年にシカゴ大学の哲学・心理学・教育学の主任教授となり、一八九六年シカゴ大学に実験のための小学校を設立した。そして、一九〇四年からはコロンビア大学教授となり、社会的にも幅広い活躍をした(2)。

すなわち、年譜によればすでに一八九九年にアメリカ心理学会会長、一九〇五年にアメリカ哲学会会長となっている。また、一九一五年にアメリカ大学教授連合の初代総裁に就き、一九一九年には中国と日本に旅行し、日本では東京帝国大学で二ヶ月に亘り「哲学の改造」を講義した。さらに、一九二八年には、ロシア革命後の新生ソビエト連邦も訪問している。デューイは、一九三〇年にコロンビア大学を退職するが、名誉教授として退職後も政治的・社会的に活動し、一九三二年にはルーズベルト（Franklin Delano Roosevelt, 1882-1945）大統領のニュー・ディール政策を支持したり、七八歳の一九三七年にはトロッキー裁判調査委員会の委員長として亡命先のメキシコにトロッキー（Lev Davidovich Trotskii, 1879-1940）を訪問し、ソ連におけるトロッキー裁判の当否を調査し、翌年にトロッキー無罪の報告書を出している。そして、一九四四年には第二次世界大戦・日米戦争中であったが、アメリカ教育連盟の名誉総裁に就任した(3)。

デューイは、二七歳の一八八六年、アリス・チップマン（Alice Chipman）と結婚し、六人の子どもをもうけたが二人を亡くし、一九二七年に夫人も亡くした。一九四六年、八六歳のデューイは、ペンシルベニアの未亡人ロバータ（Roberta Lowet）と再婚し、二人の養子を育てた。再婚六年後の一九五二年六月一日、デューイはロバータ夫人に看取られてニュー・ヨーク市五〇番街一一五八番地の自宅で九二歳で没した[4]。

デューイは、ミシガン大学の専任講師時代に『心理学』（*Psychology*, 1887）を著し、教授になって『倫理学の批判的理論の概要』（*Outlines of Critical Theory of Ethics*, 1891）を出版し、シカゴ大学時代には『倫理学研究』（*The Study of Ethics*, 1894）を著している。同時期、トロント大学教授マクレランとの共著で教師の訓練のために『応用心理学―教育の原理と実際への入門―』（*Applied Psychology-An Introduction to the Principle and Practice to Edcation-*,1895）を書き、倫理学と心理学の研究から教育や学習の原理について関心を持つようになった。その関心から、彼が設立したのが「実験学校」（The Laboratory School）であった。すなわち、一八九六年シカゴ大学に実験のための小学校、通称デューイ・スクールが設置され、当初は一六名の生徒と二人の教師によって始められたが、一八九八年の秋には実験室と作業室がそれぞれ二室、食堂や調理室が整備された新校舎に移り、生徒も八二名の規模になった。しかし、設置から七年後の一九〇三年、シカゴ大学の新しい総長の意向で閉鎖された[5]。

デューイが教育について本格的に論じたのは、一八九七年のエッセイ「私の教育信条」（*My Pedagogic Creed*）や、一八九九年の『学校と社会』（*The School and Society*）及び一九〇二年の「子どもとカリキュラム」(*The Child and the Curriculum*) である。デューイは、教育実験の記録とも言うべきそれぞれの論考のなかで、子どもの「作業」(occupation) を中心とするカリキュラムを論じ、児童中心主義の教育理論を徹底して論じている。さらに、一九一六年の『民主主義と教育—教育哲学入門—』(*Democracy and Education-An Introduction to the Philosophy of Education-*) は、彼の教育思想を教育の本質論から教授論まで体系的に論じ、今日まで世界の教育学史に残る名著となっている。まさに、英国グラスゴー大学教授ラスク (Robert R. Rusk, 1879-1972) が述べているように、デューイは今日の教育の思想と実践に、ルソー (Jean J. Rousseau, 1712-1778……引用者註) と同じくらい影響を与えているのである(6)。そこで、以上の文献に従ってデューイの教育理論を、幼児教育に焦点を合わせて論究しよう。

2　児童観

「私の教育信条」は、一八九七年一月発行の『スクール・ジャーナル』に掲載されたエッセイで、デューイの教育に関する最も初期の論考である。彼は、同論の冒頭において、子どもは自分自身の衝動や性向を持っているのであって、その子ども自身の本性や能力が教育の出発点のすべてであると述べ、そうした子どものすべての能力をいつでも使えるように訓練することが教育であると述べている(7)。まさに、デューイにおいては「真の教育は、社会状態での要求によって、子どもが自分自身で発見する子どもの能力を刺激すること」[8]であり、教育の過程は子どもの活動と一致するときに効果があり、教育の過程と子どもの本性が一致しない時には軋轢が生じる[9]と、彼は徹底して教育における児童中心主義を言明している。

さらに、デューイによれば、教育の根本的な基礎は建設的に活動している子どもの諸能力の内に存在するのであり、そのような子ども自身の社会的な活動が学校の主題の中心であって、多すぎる教科の教育は子どもの本性を歪め、道徳的な実りを困難にしてしまうと述べている。特に、デューイにおいては、子どもの活動による「経験の継続的な再構成」(a continuing reconstruction of experience)が教育として考えられていて[10]、そこに子ども中心の児童観が把握できるのである。

また、デューイは、教育方法においても児童中心主義を主張し、教育の方法は子どもの能力と興味の発展の順序によるべきであり、子どもの本性に内在する法則に教授の法則があると論じ、子どもの興味を抑圧することは子どもを大人に置き換えることであり、子どもの知的な好奇心と敏感性や創造性を押し殺してしまうと述べている[11]。このように子どもの興味や関心を尊重し、子どもが大人と違う存在であると考えるデューイの児童観は、いわゆる近代教育の児童中心主義を継承する児童観そのものと言えるのである。

さて、『学校と社会』は、デューイが彼の教育理論を実証するためにシカゴ大学に設立した小学校での教育活動に関心を持つ親たちに一八八九年四月の数週間に亘って行った一連の講演の速記録を推敲して出版したものである[12]。同書は、小著ではあるが子どもの生活が学校との関連において述べられていて、そこにはまた彼の児童観に関する論究が窺える。

デューイは、伝統的な教室は子どもが作業するための空間がなく、子どもが組み立てたり創造したり、能動的に探求する作業や実験の材料や道具と必要不可欠な空間さえないと述べ、そうした教室はできる限り多くの子どもたちに対処するために、子どもの一人ひとりを集合体や「群れ」(en masse)として取り扱うように整えられ、また子どもたちは受け身的に取り扱われていると批判している。デューイによれば、子どもたちは行動するとき自分自身の個性を発揮し、極めて特徴的な存在になるのであるが、しかし伝統的な教室では教育方法やカリキュラムの画一性が見られ、「聞くということ」(listening)のみに基本があり、教材と教育方法は画一化されているのである[13]。

このような伝統的な教育をデューイは「旧教育」(the old education)と呼び、それは子どもの姿勢を受動的にし、いわば教育の重心が子ども以外の教師や教科書にあり、子ども自身の直接的な衝動や活動性を排除する教育であって、デューイが考える教育は子どもを太陽のように中心とするコペルニクス的な変化や革命の教育であると述べている[14]。まさに、デューイによれば、最も望ましい学校とは子どもが本当に生活する場所でなくてはならないし、また子どもが楽しみ、自分自身のための意義を見出すような生活経験を獲得できる場所でなくてはならないのである[15]。

次に、デューイの一九〇二年の論考「子どもとカリキュラム」であるが、それは教育内容としてのカリキュラムにおける教科の主題と、子どもの興味や自発性に基づく経験の問題を論じたものであり、同論のなかにも子ども中心の言及が見られる。すなわち、カリキュラムや教科の主題は子どもの経験と乖離したものでなく、また子どもの経験を理解しがたい気まぐれなものと見ないで、子どもを柔軟な未発達の生き生きとした存在として見ることを、彼は強調している[16]。そして、子どもは利己的で衝動的な存在ではなく、また単に成熟すべき未熟な存在でもなく、むしろ教育においては子どもが起点で中心や目的であり、我々が子どもと一緒の立場をとり、子どもから出発しなければならないことを主張しているのである[17]。

かくして、これまでの論述から分かるように、デューイは伝統的な教育を「旧教育」と称し、子どもを無視した「旧教育」を浮き彫りにして批判するなかで、いわゆる「新教育」としての子ども中心の教育の理念に立って「新教育」の指導的な思想を唱道しているのである。そこで、このような児童中心の児童観との関連で、さらにデューイの教育思想が集大成されている主著『民主主義と教育』における彼の教育観を明らかにし、次いで彼の教育の本質論や目的論と、内容論や方法論における児童中心教育の論点を浮き彫りにしよう。

3　教育の本質論と目的論

デューイによれば、教育とは社会集団がその未成熟な構成員を養育する過程であり[18]、また社会集団はその集団の未成熟な構成員の教育によって遂行される社会の更新を通して持続が可能なのである。すなわち、教育は社会における大人と若者の日常的な交流による意図的、無意図的な経験の意味を更新する過程であり、意味のある経験を絶えず更新して伝達する過程なのである[19]。このように、デューイにおいては、教育とは経験に意味を付け加え、またその後の経験の道筋を導く能力を増進させる経験の再編であり[20]、遠い未来のための準備や過去の繰り返しと区別される経験の不断の更新なのであって[21]、「教育は経験の絶え間ない再編や改造である」(education is a constant reorganizing or reconstructing of experience)[22]と定義づけられるのである。

ところで、デューイにおける経験とは、能動的要素である「試みること」(trying)と、受動的要素の「受けること」(undergoing)から成り立ち、この二つの結びつきにより経験の有益さや価値が測られるものである。彼によれば、経験は単なる活動から成り立つものではなく、単なる気まぐれの活動による経験は消費的で、無意味な変化を惹起するだけなのである。例えば、子どもがただその指を炎のなかに突っ込んだときが経験なのではなく、その動作が結果として子どもの受けた苦痛と結びついたときが経験なのである。つまり、子どもは炎のなかに指を突っ込み、その結果として火傷をすることを知ったときに、「経験から学ぶ」(learn from experience)[23]のであり、まさにそうした結果を考えて予想することが反省的な経験として著しく間違った行動を識別できるのである[24]。

さて、デューイの教育理論において、教育の目的はどのように考えられるのであろうか。彼は、『民主主義と教育』の第八章「教育における目的」において、教育の目的とは個々人にその教育を継続できるようにすることであり、学習の目的は能力の連続的な成長にあって、教育の過程そのものが目的であり、それ以外に目的はないと述べている。すなわち、デューイにおいては、外部から決定された教育の目的は教育の当事者自身の経験の自由な成長から生じたものでないのであって、つまり教育の目的は教育の過程にある子どもの外から決められるものではなく、教育の当事者である子どもの内的な活動と子どもの要求において決定されるべきものなのである[25]。

したがって、デューイにおいては、教育の目的は教育される個々人に与えられた（生まれながらの本性と獲得された習慣を含む）本性的活動や欲求に基づいて構築されなくてはならないのであって[26]、教育の目的は教育の当事者の外部にあってはならないのである。言うまでもなく、ここでの個々人とは教育の当事者である個々の子どもや児童であり、いわばデューイにおける教育の目的とは、教育の当事者である子ども自身の活動において生じるより善い経験を連続的に再構成する過程のうちにあると言えるのである。

このデューイの教育目的論は、徹底した児童中心主義の教育思想であり、そこにはルソーの自然主義教育の児童中心主義を超えた展開が見られる。すなわち、デューイはルソーが子どもの身体の活動性や個性を尊重し、その興味と関心に注目する自然的発展を教育の目的としたことを評価するが[27]、しかし子どもの本性は善でも悪でもないのであって、使い方によっては善にもなれば悪にもなることをルソーは分かっていなかったと述べ、またルソーの子どもの本性的活動が自発的に正常に発達するという観念はまったくの神話であり、自然的・本性的な活動はあらゆる教育の根本であるが教育の目的や目標を提供するものではないと、ルソーが子どもの本性的活動そのものを教育の目的としていることは誤りであると批判している[28]。

さらに、デューイは、子どもの本性を無視したり抑圧することは避けられるべき悪であるが、教育においては子どもの本性を自発的な発展のままにさせておくのではなく、組織されるべき環境が与えられなければならないし、また子どもの本性の学習されていない能力の自発的な発露から学習は始まらないと断じている[29]。まさに、デューイにおいては、環境を離れて教育はできないし、むしろ教育は子どもの生まれながらの能力をより良く用いさせる環境を提供することなのである[30]。

この点で、デューイはルソーが教育の真の目的を自然とし、社会的なものを悪としたことを批判し、生まれながらの個人の諸能力を社会的に意味のある仕事に積極的に従事させ、その結果として獲得される社会的効率を教育の目的としている[31]。デューイによれば、社会的効率とは、他者の利益に無関心である階級化社会の障碍を打破し、積極的に経験をより多く伝達する「心情の社会化」(socialization of mind) なのである。それを目的にすることとは、存在する経済的状態や水準を最終的な目的とするのではなく、むしろ社会における各人の生涯の仕事を選択する能力を指摘して形成させる民主的な規範を目的とすることなのである[32]。また、教育目的としての社会的効率は、共同活動を十分に分担し、自由に協同できる能力や公民的教養を育成するものでなくてはならないのである[33]。

ところで、デューイの説く社会とは、民主的規範が環境である社会であり、民主的な社会が教育目的である子どもの経験の行われる環境なのである。デューイによれば、「民主主義は、政治の形態以上のものであり、本来的に協同生活の様式であって、伝達された経験の統合の様式なのである」[34]。すなわち、「教育は社会の過程である」(education is social process)[35]と考えるデューイにおいては、民主主義社会は子どもが生活に必要な経験を連続的に構成して改造する教育の環境であり、社会機関としての学校は「単純化された環境」(simplified environment)を提供することが主な役目であり[36]、「縮小された共同体、萌芽的な社会」(miniature community, embryonic society)[37]なのである。

4　教育内容・カリキュラム論

「カリキュラム」(curriculum・教育課程)とは、その語源であるラテン語「cursus」(走路・走る活動)が教育用語に転じて、学習の課程や学習活動を意味する言葉となった。教育学的な定義としては、カリキュラムとは教育の目的を実現するために意図的・計画的に編成した教育活動や教育内容を意味する。教育内容は、広義には教育活動の総体を意味するが、狭義では教育活動における「何をどのように教えるか」の「何を」を意味し、また教授する教科と教科書や教材などが含まれる。まさに、カリキュラム・教育の課程や内容は、教育活動の内実そのものであり、教育実践において極めて重要な要件であると言える。

デューイにおけるカリキュラム論は、一九〇二年の「子どもとカリキュラム」においてその概要が窺える。彼は、同考で児童中心の立場から、子どもとカリキュラムの間には明白な「ずれ」(deviation)と「開き」(difference)が有り、それらはほとんど際限なく広げられていると批判している。すなわち、子どもが個人的に接触する生活の世界は狭いのに、学校の学習の課程では時間的にも空間的にも無限に拡大された主題が提供されていると指摘している[38]。

この子どもとカリキュラムとの乖離を、デューイは「旧教育」と「新教育」の二つの教育観に基づくカリキュラム論のそれぞれを対立軸として明らかにし、問題としている。すなわち、旧教育派は、子どもの経験の内容よりもカリキュラムの主題を重視し、子どもの経験を曖昧で不確かなものとする一方で、教科は永久不変で普遍的な真理に基づいていると決めつけ、子どもの経験を矮小化したり、軽視しているのである。そこでは、目的や主題と方法が論理的に分別されて決定され、子どもはただ成熟すべき存在と考えられ、子どもの経験は狭く拡充されるべきものにすぎないと考えられている[39]。

他方、新教育派では、教育において求められることは子どもの発達や成長であり、子どもが教育の目的の出発点や中心でなければならず、教科は子どもの成長に役立つ補助的な道具と考えられている。そこでは、子どもの人格や性格の形成が知識や情報の習得以上の主題であり、主題は子どもの内部から発する活動的な学習であると考えられ、カリキュラムの主題は子どもの生活と経験に秩序づけられなくてはならないと捉えられているのである[40]。

また、この二つの立場のカリキュラム論の対立を、デューイはそれぞれ「訓練」(discipline)と「興味」(interest)という教育術語から明らかにし、その問題点を次のように論じている。デューイによれば、旧教育派の人たちは、論理的な学習の課程を強調する「訓練」を標語とし、教師の立場から適切な指導と学問を重視する「指導と統制」(guidance and control)を合い言葉とするが、新教育派の人たちは、子どもの心理的な「興味」を標語とし、子どもへの同情と子どもの自然的本性からの知識の必要を強調する「自由と自発」(freedom and initiative)を合い言葉にしている[41]。

デューイによれば、これらの対立が理論家により論理的な結論に至るのは稀であるが、しかし理論と実践の一般的見解の緊密な結合が教育の過程においては必要なのであって、学習の課程を作り上げる主題と子どもの経験との間に溝があってはならないのである。そして、子どもの経験がそれ自体のうちにすでに包含され、同様に定式化された学習のうちに包含された要素——事実や真実——を見るということが重要なのである。さらに、より重要なことは、主題を子どもの経験が占める計画に発展させ、組織化する姿勢や動機と興味が含まれているかどうかということであって、また子どもの生活のなかに作用している諸力の成果として学習を解釈することと、子どもの現在の経験から一層の豊かな経験の成熟とを仲介する諸段階を見つけ出すことが重要なのである[42]。

デューイによれば、子どもとカリキュラムは、一つの過程を決める二つの極点であって、子どもの立場と学習の事実や真理とを決定するのである。デューイにとっては、子どもの経験から学習という真理の構成体によって表現される経験へと往き来する連続的な経験の再構成が、教えるということなのである[43]。それゆえ、デューイにおいては、経験のなかに学習の教材や教科を復元させる必要があり、教材や主題は心理化されなければならない[44]。つまり、教科や教材の主題は子どもの経験によって再構成される必要があり、子どもの経験がカリキュラムにおいて重視されなくてはならないのである。

ところで、主題とは、デューイによれば目的を有する状況の展開の過程内で、望ましい知的、感性的な性向を刺激して形成する諸々の事実や観念から構成されるものであり、したがって当然そのような状況を学習やカリキュラムに関係づけることが必要なのである。周知のように、教育上の主題は本来的に現存の社会生活に役立つ過去の経験の蓄積を内容とし、また社会生活が複雑になればなるほどその数量が増大するので、新しい世代に伝達するには主題の特別な選別やまとめと組織化が必要となる。だが、そのように大人がまとめて体系化した主題と学習者の子どもの経験は、同一ではないし、また同一ではありえないのである[45]。

したがって、デューイによれば、教師は学習者である児童と大人の主題に対する態度の違いを知る必要があり、教師の注意は児童の態度と反応に向けられなくてはならないのであって、児童の態度や反応と主題との相互作用を理解することが教師の務めなのである。すなわち、教師は主題そのものだけに専心すべきではなく、児童の現在の欲求や許容能力と主題の相互作用に専心すべきなのであって、児童自身の経験のうちに主題が相互的に作用するような態度をとることが教師に必要なことなのである[46]。このように、デューイにおいては、まさに教育の内容・カリキュラムだけでなく、教育の主題においても児童中心に考えられていて、こうした児童中心のカリキュラムは、当然またそれに相応しい教育方法や教授法を必要とするのである。

5　教育方法論

デューイによれば、思考が知的経験の方法であり、学習の方法は知的な思考を行わせることであって、教授と学習の方法の永続的な改善は思考の必要と促進や思考の検証を中心としなくてはならない[47]。したがって、教授の秘訣は、思考に挑戦するに足るほどの困難な新しい諸問題を作り出すことにあり、そこには当然新しい構成部分に伴う困惑に加えて、有益な示唆が生じるような明解でよく分かる部分がなくてはならないのである[48]。

このように、デューイにおいては、教授の過程では思考の良い習慣の形成に中心を置くことと、思考が教育的な経験の方法であることが重視され、また省察の本質を統合することが教育方法の本質と考えられている。そして、その要点として、次の五つのことが考えられている。すなわち、第一に児童たちが自分のために関心のある真に連続的な活動を持つこと。第二に、その状況のなかで真の問題が思考への刺激として発展すること。第三に、児童たちがその問題を扱うのに必要な情報を持ち、観察をすること。第四に、児童たちに自分の責任となる秩序のある方法で発達を起こさせるような解決が示唆されること。第五に、児童たちが自分のいろいろな考えを応用することで試験し、それらの考えの意味を明確にしたり、また自分自身のためにそうした妥当性を発見するための機会や場面を持つことである[49]。

したがって、デューイにおいては、方法とは、経験の主題をより効果的で完全に発展させる様式であり、主題を扱う個人的な態度や用法を意識的に区別しない経験の過程の観察から生まれるものなのである[50]。彼によれば、主題を扱う効果的な知的方法で重要なことは、第一に「率直であること」(directness)、第二に「偏見のないこと」(open-mindedness)、第三に「専心すること」(single-mindedness)、第四に「責任感があること」(responsibility)である[51]。

第一の「率直であること」とは、主題に直接的に関心があるということであり、関心を脇にそらすことでなく、取り扱う人と主題との間が自発的な一意専心の状態にあるということである。これと反対に、児童がしなければならないことから注意をそらす方法は、児童の主題への関心と行為を損なう好ましくない方法なのである[52]。

第二の「偏見のないこと」とは、解決を必要とする状況に光明を投じ、また行為の結果の決定を助けるであろうすべての考察に対応する精神であり、常に限界を広げて絶えず新しい目的と新しい反応を形成して知的成長を図ることなのである。まさに、デューイにおいては、問題を取り扱うのに操作の多様性を許さない教師は、児童たちに知的な盲目を強いているのであり、また解答に熱中させるのは硬直した機械的な方法に熱中していることなのである[53]。

第三の「専心すること」とは、主題それ自体の目的に熱中し、完全に没頭して関係することであり、いわゆる精神を統一することであって、興味を分散したり、逸脱することではない。まさに、学校において児童たちを必要や目標のない活動に従事させるような方法は、注意力を分散させ、「専心」と反対の状態にさせることであって、児童たちの思考を活動させないような単に準備となっている授業が、その典型的な例なのである[54]。

第四の「責任感があること」とは、知的態度におけるひとつの要素であって、計画の過程に起こる結果を順次に考察し、それらの結果を受け入れることを意味する。その態度は、事柄を見通す知的徹底と言うべきものであり、結び付きのない細部に依拠する態度ではなく、細部が統合された目的に依拠する態度なのである[55]。

このように、デューイは教育の方法において、思考の端緒となる経験と主題における興味や関心を重視しているのであって、まさにデューイにおいては、教授において問題としなくてはならないことは、児童たちにとって興味のある目的や目標を持った特別な活動に従事させる主題を見つけることなのである[56]。そのために、教授する者が必要とすることは、児童たちが持ち合わせている能力と興味に結びついた行為の目的や様相を発見することであって、そうした行為の活動において主題を首尾一貫して連続的に進めることなのである[57]。

この意味で、「遊び」(play)や「仕事」(work)は、活動的な作業を含むので児童の本来的な活動性を充足させ、学習や教育に効果のある活動となり得る。しかし、デューイによれば、学校のカリキュラムにおいては、遊びと仕事が単なる気晴らしや一時的な便法としてではなく、遊びや仕事が望ましい精神的な発達や道徳的な成長を促進させるものとして設定される必要があり、また遊びや仕事をただ導入するのではなく、それらが知的で社会的な状況に適応できるような典型的な様式を根拠とするものでなくてはならないのである[58]。

6　評価

教育史上、一八世紀から一九世紀初頭にかけて、子どもの自発性や個性を尊重し、子どもの興味と関心に基づく活動を重視する児童中心の教育思想、いわゆる近代教育と呼ばれる教育の思想や実践がルソーやペスタロッチ（Johann H. Pestalozzi, 1746-1827）とフレーベル（Friedrich W. A. Fröbel, 1782-1852）などによって展開された。彼らの提唱した教育原理や教育の理論は、今日においても依然として幼児教育や初等教育の領域で大きな影響を与えているが、その児童中心の教育思想や活動が一九世紀末から二〇世紀初頭の世界の教育界において再び勃興した。それは「児童中心」（Child-Centered）と「児童から」（Vom Kind aus）をスローガンとする教育思潮で、教育史上では「新教育」（New Education）[59]と呼ばれている。

「新教育」の思想や活動を展開した代表的な教育思想家や教育家は、経験論の哲学を徹底して「プラグマティズム」（Pragmatism）を完成したアメリカ合衆国の最も著名な哲学者・教育学者のデューイであり、またスウェーデンの社会評論家で一九〇〇年の『児童の世紀』（*Barnets arhundrade*）において「二〇世紀は子どもの世紀である」と著したケイ（Ellen K. S. Key, 1849-1929）女史や、イタリアの女医で「子どもの家」を創設し、一九二〇年代からその教育活動を世界的に展開した教育家モンテッソーリ（Maria Montessori, 1870-1952）なども、「新教育」運動の推進者として挙げられる。

デューイは、アメリカにおける新教育運動の理論的指導者であり、一九一七年設立の「進歩主義教育協会」（Progressive Education Association）の中心的な教育学者となり、国際的にもまた大きな影響を与えた。日本では、彼が一九一九（大正八）年に来日したこともあり、大正デモクラシー期の時代思潮として彼の一九一六年の教育学の主著『民主主義と教育』が盛んに読まれた。また、デューイの教育思想は、特に太平洋戦争後の新生日本の教育改革の拠りどころとなった。それゆえ、我が国ではデューイの哲学と教育の思想についての研究が多く為されてきているが、しかし「新教育」の観点での彼の教育の思想や理論はあまり研究されていない。そこで、これまで述べてきたデューイの教育思想や理論における新教育の観点からの評価をしておこう。

デューイにおいては、子どもは自分自身の本能や性向を持っているので、その子ども自身の本性や能力が教育の出発点のすべてであると考えられていて、彼は子どもの本性の活動と教育の過程が一致するときには教育効果があり、一致しない時には軋轢が生じて子どもの本性が阻害されると、教育における徹底した児童中心主義を主張している。また、彼においては子どもの活動による「経験の継続的な再構成」が教育であると考えられていて、そこに子ども中心の児童観が捉えられるのである。

とりわけ、デューイにおける教育の目的は、個々の子どもにその教育を継続できるようにすることであり、学習の目的は成長のための連続的な能力の習得であって、教育の過程そのものが教育の目的と考えられている。また、教育の目的は、教育の過程にある子どもの外部から決められるものではなく、教育の当事者である子どもの内的な活動と子どもの要求において決定されるべきものなのである。いわば、デューイにおける教育の目的とは教育の当事者である子ども自身の活動において生じるより善い経験を連続的に再構成する過程のうちにあると言えるのであって、彼の教育目的論は徹底した児童中心の教育目的論と言えるのである。

この児童中心の教育目的論は、教育内容・カリキュラム論においても貫徹されていて、デューイは教育や学習の課程を構成する主題と子どもの経験との緊密な結合を重視する。すなわち、カリキュラムを構成する教科の主題が子どもの経験と乖離してはならないように、主題は子どもの生活と経験に秩序づけられなくてはならないし、教科や教材の主題は子どもの経験によって再構成される必要があると、彼は主張している。彼によれば、特に教師は児童の主題に対する態度と反応に注意を向けなくてはならないのであって、教師は児童の態度や反応と主題との相互作用を理解することが必要であり、児童自身の経験のうちに主題が相互作用するような態度をとることが教師の務めなのである。

デューイによれば、方法とは、経験の主題をより効果的で完全に発展させる様式であり、主題を扱うのに個人的な態度や用法を意識的に区別せずに、経験の行程を観察することから生じるものなのである。したがって、子どもの経験を理解しがたい気まぐれなものと見ないで、子どもを柔軟な未発達の生き生きとした存在と見る必要があると、彼は教育方法論においても子ども中心の方法を強調しているのである。特に、デューイは、子どもの本性に内在する法則に教授の法則があると考え、教育の方法は子どもの能力と興味の発展の順序によるべきであると考えている。また、教授において問題にすべきことは、児童にとって興味のある目的や目標を持った特別な活動に従事させる主題を見つけることであると、教育方法論や教授論においても子ども中心の立場を主張しているのである。

かくして、デューイの教育理論においては、目的論・内容論・方法論のすべてにおいて児童中心主義が貫かれていて、その教育理論は子どもの経験と学習が渾然一体となっている理論と言えるのである。まさに、デューイの教育の理念や理論は、いわゆる近代教育を継承する「新教育」の理念や理論と言えるのであり、子どもの子どもとしての固有性を尊重したルソーなどの近代教育思想を徹底化し、近代教育思想の「子どもの発見」から、「子どもから」の新教育の理念を展開し、さらに「子どもから」の新教育の理念を「子どもそのもの」のための教育理論として構築したと言えるのである。

このようなデューイの教育思想や教育理論の評価とは別に、教育思想史上では、デューイは子どもの経験をそれ自体のために強調し、教育が本質的な概念規定のない成長と同一視されていて、方向づけや訓練を欠いているという批判[60]や、子どもの経験や興味はしばしば気紛れであり、個人的、偶然的であるので放任主義に陥り、それらの価値の普遍性が否定されるなどの批判[61]がある。

しかし、前者の批判も、デューイはアメリカの教育思想を当時の教師たちに蔓延していた教育学の狭い概念から引き出し、子どもの能力や興味を全面的に発達させることが教育の方法であることを理解させることに決定的な手助けをしたと評価しているし[62]、後者の批判もデューイの教育学の魅力は、分析と抽象の上に立った観念的教育学と異なり、生き生きとした生命の全体が至るところに躍動していることであり、彼の教育学は児童本意主義・経験主義が一貫されたものであると評価している[63]。

また、米国のデューイ学者は、デューイは子どもを全人として、そのすべての能力や関心の解放が教育であることを発見したので、教師たちのあいだで予言者として広く迎えられたと評価しているが、一方でデューイは予言者ではなく破壊者とされていると述べている[64]。その原因は、デューイの名前に結びつけられてきた進歩的な教育が彼の熱狂的な追随者たちによって誇張されたり歪められたりした結果であるが、しかしそのなかには教育実践の健全な改革があったのであると述べている[65]。まさに、二〇世紀前半期の世界の哲学と教育の領域において名を成したデューイの評価は賛否の分かれるものがあるが、彼が世界の教育に及ぼした影響は限りないものがあると言える。

註

(1)永野芳夫著『デューイ』牧書店、一九五六年、三頁、九頁～一一頁参照。
(2)同前書、一二頁～一五頁、一九頁、二五頁、三〇頁～三八頁参照。

（3）『世界の名著』第四八巻所収、河出書房、一九六八年。

（4）永野芳夫、前掲書、三五頁〜三九頁、山田英世著『J・デューイ』清水書院、一九六六年、一九八一年四刷、一一一頁参照。

（5）同前書、三九頁〜四二頁、二一頁〜二二頁参照。

（6）cf., Robert R. Rusk, *A History of Infant Education*, University of London, London 1933, 2ed.1951, p.96.

（7）*John Dewey-The Early Works-* , volume 5 : *My Pedagogic Creed*, Southern Illinois University Press, Carbondale 1972, p.85f.. 以後 *J. D. E.W.,* vol.5, と略。

（8）ibid., p.84.

（9）ibid., p.85.

（10）ibid., p.89, p.91.

（11）ibid., p.91ff..

（12）*John Dewey-The Middle Works-*, volume 1 : *The School and Society*, Southern Illinois University Press, Carbondale 1976, p.3. 以後 *J. D. M.W.*, vol.1, と略。

（13）ibid., p.22.

（14）ibid., p.23.

（15）ibid., p.36.

（16）*John Dewey-The Middle Works-*, volume 2 : *The Child and the Curriculum*, Southern Illinois University Press, Carbondale 1976, p.278, p.274. 以後 *J. D.M.W.*, vol.2, と略。

（17）ibid., p.275f..

（18）cf., *John Dewey-The Middle Works-*, volume 9 : *Democracy and Education*, Southern Illinois University Press,

Caborndale 1980, p.14. 以後 *J. D. M.W.*, vol.9, と略。

(19) ibid., p.331.
(20) ibid., p.82.
(21) ibid., p.86.
(22) ibid., p.82.
(23) ibid., p.146f..
(24) ibid., p.158.
(25) cf., ibid., p.107.
(26) ibid., p.114.
(27) ibid., p.122f..
(28) (29) ibid., p.120f..
(30) (31) ibid., p.125.
(32) ibid., p.126f..
(33) ibid., p.130.
(34) ibid., p.93.
(35) ibid., p.105.
(36) ibid., p.24.
(37) *J.D.M.W.*, vol.1, p.12.
(38) *J.D.M.W.*, vol.2, p.275, p.274.
(39) (40) ibid., p.276f..

(41)(42)(43)ibid., p.277f..
(44)ibid., p.285.
(45)*J. D. M.W.*, vol.9, p.189ff..
(46)ibid., p.190f..
(47)ibid., p.159.
(48)ibid., p.164.
(49)ibid., p.170.
(50)ibid., p.186.
(51)(52)ibid., p.180f..
(53)ibid., p.182f..
(54)ibid., p.183ff..
(55)ibid., p.185f..
(56)cf., ibid., p.139.
(57)cf., ibid., p.133.
(58)cf., ibid., p.202ff..
(59)cf., William Boyd and Wyatt Rawson, *The Story of the New Education, Heinemann*, London 1965, p.1, p.3, p.9.
(60)Robert Ulich, *Hisotory of Educational Thought*, American Book, New York 1945, p. 335.
(61)稲富栄次郎著『現代の教育哲学』福村書店、一九五九年、一九六三年二刷、二三五頁〜二三六頁。
(62)Robert Ulich, pp.320.
(63)稲富栄次郎前掲書、二三〇頁、二三六頁参照。

(64)(65) アーウィン・エドマン著、荘司雅子、土井嗣夫、上寺久雄共訳『ジョン・デューイ―その哲学の現代への寄与―』刀江書院、一九六一年、一一頁〜一二頁。

第二章　エレン・ケイ

1　生涯

ケイ（Ellen Karolina Sofia Key）は、一八四九年一二月一一日スウェーデン南部のズンズホルム（Sundsholm）に、地主貴族で政治家の長女として生まれ、進歩的な教養ある裕福な家庭で恵まれた幼年期を過ごした(1)。彼女は、青年期はストックホルムの寄宿舎付きの私立学校で教育を受け、成人してからはストックホルムに住み、教養を広めるために文化的講座に参加したり、父親の仕事の付き添いを兼ねてウィーンに数回に亘り旅行し、イギリス、ドイツ、フランス、イタリアの諸外国を訪れている(2)。彼女は、一般にはスウェーデンの社会評論家・女性解放論者とされているが、二〇歳代に日曜学校を開いて教え、三一歳から女学校の教師として教育の現場に立った。一方で、三五歳頃から彼女は労働者のための人民学院で文明史を二〇年間も講義したり、評論や論文を雑誌に発表したりして、次第に評論家としての名声を獲得した[3]。また、四〇歳代からは、彼女は教育活動だけでなく、人間の向上や人格の啓発と偏見からの解放のための社会的な闘いに生きることを決意し、子どもの権利をはじめ抑圧された人々のための権利とその意義について熱心に論じた[4]。

エレン・ケイは、三〇歳代から女学校で歴史と文学を教え、五〇歳代まで人民学院で文明史の講義をした教育者であるが、教育思想家としての評価は社会問題や女性問題の評論家としての彼女の名声に隠れてしまっていたと言えよう。だが、一九〇〇年に出版された『児童の世紀』は、彼女が女性問題の評論家であると同時に、教育思想家であることを端的に示す著作であり、彼女自身の言葉によれば、同書の意図するところは「新しい思想をもち、古い思想による教育はやめるべきだ」という目的にある[5]。

『児童の世紀』は、初版では二五〇〇部ほど出版された程度で、同書の当初の評価は国内に限られたものであったが、一九〇二年にドイツ語訳が出版されて外国で高い評価を得た。一九〇九年までには、同書は九カ国語に翻訳されるほど世界各国で読まれ、特にドイツ語版は初版の一〇倍の二五〇〇〇部も出版されたほどであった。また、一九一一年には改訂版が出版され、一九二六年までに三六刷を数えたのである[6]。しかし、一九〇三年以後、彼女はストックホルムを去って田舎に籠もり、晩年を瞑想のうちに送るなかで一九二六年四月二五日、国家から贈られたウェテルン湖畔のストランド(Strand)の自宅で独身の生涯を閉じた。

ところで、『児童の世紀』という書名は、まさに「二〇世紀が子どもの世紀である」[7]ことを宣言したセンセーショナルな表題であるが、追って詳しく論究することになる同書の主題は、子どもと母性の擁護を問題とする書であり、子どもの権利と母性の擁護を謳う書なのである。すなわち、『児童の世紀』の第一部第一章は子どもが親を選ぶ権利を、続けて子どもと母性の保護や婦人の選挙権と子どもの権利を論究し、第二部では第一部の展開として学校教育の問題点の批判と未来の学校を論じ、終わりに家庭崩壊の解決策に母性の回復を説いている。そこで、同書に基づいて先ずエレン・ケイの教育理念の基底である児童観や子どもの権利論を明らかにし、次いでその関連のもとに彼女の母性論とその保護論を明らかにし、さらにエレン・ケイの理想とする学校と家庭の在り方とそこでの教育理念を論究しよう。

2　児童観と子どもの権利

エレン・ケイは、『児童の世紀』の「教育」の章において、子どもの本質は大人と同等なのに、大人は子どもを下僕のように扱い、子どもに自分の意志を持たせていないと批判している。彼女によれば、子どもの性格のなかには未来を志す力が潜んでいて、また子どもの過ちのなかにも善に対する不朽の芽が包まれているのであって(8)、「『悪い子』であることも子どもの権利であり」(9)得ると、ゲーテ(Johann W. von Goethe,1749-1832)を引用して、彼女の児童観を述べている。

このケイの児童観は、子どもは大人と同じ人格のある存在であり、子どもが持っている本性は、本質的に善であると考える思想である。彼女は、この性善説的な児童観に立って、同時代の教育者たちや新しい世紀の教育者が古い人間観や性悪説にとらわれて子どもを支配し、抑圧していると批判している(10)。彼女は、性善説に基づいて、子どものどのような過ちも道徳的行いへの萌芽を含んでいるので、子どもの自然の本来的な活動を助け、配慮することが本当の教育であり(11)、反対に子どもの本性を抑圧するのは教育上の罪悪であると述べている(12)。

さらに、エレン・ケイは、ルソー(Jean J. Rousseau, 1712-1778)の自然の教育や消極教育説を継承して、教育においては子どもの本性、すなわち子どもの「自然を自然のあるがままに任せ、自然本来の仕事を助けるために周囲の状態に気を配る」(13)ことが必要であり、「子どもが他人の権利の境界を越えない限り自由に行動できる世界をつくってやる」(14)ことであると述べている。彼女にとって、「子どもを教育することとは、子どもの精神を子ども自身の手のなかに握らせ、子どもの足で子ども自身の細道を進ませるようにすること」(15)であり、子どもの本性を無くすようにするのではなく、それを高めるのが教育の最高目的でなければならないのである(16)。彼女によれば、親は子どもの生活に干渉する努力を百分の一にとどめ、残りの九九パーセントを干渉ではない控え目な指導に用い、子どもに経験をさせることで自分の結論を引き出させるように仕向けるべきなのである[17]。そして、教師や教育者も、いま芽生えかけた生命の可能性を損なわないように、いまなお覆っている古い葉を払いのけてやって、新しい創造を推進することが必要なのである[18]。

また、彼女は、子どもへの接し方として「子どもと遊べる者だけが、子どもに何かを教えられる」というスタール (Anne L. Germaine de Staël, 1766-1817) 夫人の言葉を引用し、自分が子どものようになることが子どもを教育する第一条件であると述べている。子どものようになることとは、エレン・ケイによれば子どもらしく装ったり、ご機嫌取りのおしゃべりをすることではなく、子どものような無邪気さで子どもに接し、大人に示すと同じような思いやりと信頼を子どもに示すことであって、ずるさや力ではない子どものようなまじめさと誠実さで子どもに接することなのである[19]。

これに対して、世の親や教師たちは、子どもを理解せずにただ自分たちのレベルで子どもに対しているると、エレン・ケイは批判する。すなわち、親はひたむきな親心や熱意からなのであるが、子どもの固有の世界に干渉し、子どもを小さな人間の素材として型にはめようと矯正したり、子どもが好きなことや望むこととは違った方向へ引きずっていると、彼女は批判するのである。また、彼女は、教師が子どもの考え方や意見を歪めて矯正し、人の前で子どもの過ちを暴露して咎め、子どもの繊細な感情を傷つけていると批判している[20]。

このように、エレン・ケイが教育を論じるのは、大人の勝手で残酷な行為や過保護から子どもを解放するためであり、子どもの教育においては直接介入をできるだけ避け、子どもを平安で自由にするためなのである[21]。彼女によれば、禁止と統制は子どもを不誠実にし、また虚弱にさせるから、子どもの育成では子どもが自分で楽しみを作り出し、自分の行為に責任を持つようにさせることが必要であり、親や教師たちは子どもの行為に注意深く気を配るべきなのである[22]。

したがって、エレン・ケイによれば、教育する者は肉体的にも心理的にも子どもの権利が存在する境界を超えて踏み込まないように自己抑制し、子どもをボールのように大人の手の中でもて遊んだりせず、また子どもに命令を押しつけたりしないで、自発的に振る舞わせるべきなのである[23]。特に、彼女においては、子どもは大人と同様に権利を持っているので、子どもに他人を尊重するように教えるのと同様に、大人が子どもを尊重することが必要であると考えられているのである[24]。

エレン・ケイによれば、子どもの権利に関する問題が注意を引くようになったのは一八〇〇年代であって、オウエン（Robert Owen, 1771-1858）が一八一五年に行った児童労働に関する調査からであり、一九世紀初頭のイギリスでは八歳以下の子どもが一四時間から一五時間も働かされ、労働に従事した子どもの四分の一か、五分の一が障害児になっているという事実からである[25]。

周知のように、イギリスから始まった産業革命はヨーロッパ各国に波及し、貧しい家庭では生活の糧を得るために主婦や子どもが紡績工場で働くようになり、一五時間前後の長時間労働に従事していた。そのような状態について、エレン・ケイは、女性の夜間労働や坑内労働は危険であり、家事労働と育児が女性の負担となっているので、成人女性にとっても八時間労働が必要である[26]と、卓見を述べている。また、エレン・ケイは、親が外で働いている間に子どもはひとり置き去りにされ、炉の中や窓から落ちるなどの問題や、子どもが暗い地下室で生活すると目が悪くなることを指摘し、さらに親の泥酔や精神的苦悩によって子どもが犠牲にされ、子どもが親の虐待を恐れて自殺する悲惨な状態を問題としている。そして、彼女は、大都会の路地や大工業地帯は陽光が乏しく、空気が汚染されているため、子どもの出生と育つ条件が踏みにじられていると、母性の保護と子どもの生存の権利を主張している[27]。さらに、子どもたちの問題を、子どもたちは学校教育から早々に引き離され、工場労働で力を磨り減らして生ける機械となり、自分たちの生活の改善を試みようとしなくなっていると指摘している[28]。

他方、エレン・ケイは、児童労働から生じる子どもの非行について、次のように述べている。彼女によれば、非行を生んだ原因や環境をそのままにしておいて非行児を補導しても、更正は不可能であり、なぜ非行が生まれるのかが問題なのである。また、子どもと母親の労働は低賃金であるため衣食住が十分に確保できず、肉体および精神の疾病の誘因となり、さらに母親の家庭外労働が家庭と育児をおろそかにさせ、子どもの非行や夫との不和を生じさせているのである[29]。まさに、彼女が述べているように、子どもを非行に陥らせる環境を作っておきながら、社会が子どもを正しい道へと追い立てるのは、目玉をくり抜いておいて、道に迷ったからと鞭で打つ暴君と同じようなものなのである[30]。

このような状態に対して、エレン・ケイは、子どもの守護神・神は一体どこにいるのかと嘆息する[31]。しかし、彼女はそのような危険から子どもを救うには神の摂理に期待するのではなく、社会福祉当局が疾病や非行や犯罪の予防にすべてのエネルギーを傾倒することが必要であって、社会のなかで保健サービスと精神的サービスが重要な位置を占めるようにならないと、不幸は拡大し取り返しがつかなくなると警告している[32]。そして、社会はあらゆる無防備な者を保護し、悩む者をなくすことが第一の任務であると認識し、子どもに対する社会の義務遂行の責任を果たさなくてはならないと論じているのである[33]。

また、エレン・ケイは、子どもたちの心身は一五歳までは学校とスポーツやゲームによる本来の教育のために用いられ、労働能力は職業学校や家庭の仕事で訓練されるべきであり、子どもを工場労働に従事させるべきではなく[34]、子どもの工場労働と街頭労働が彼らの肉体的、道徳的退廃の原因になっていることから児童労働を禁止すべきであると断言している[35]。確かに、スウェーデンでは一八七五年に若年者の労働問題が調査され、その結果一八八二年に児童労働を制限する法律の施行となったが、法律には不備があり、法律違反も多いので、彼女は新世紀においては児童労働の法律的不備と女性の労働を保護する法律が論議されて施行されるべきであると述べ、一五歳以下の子どもの労働はすべて止めさせるべきであると提言しているのである[36]。

このような子どもの保護論や権利論の一方で、エレン・ケイはさらに次のような母子・親子関係における子どもの権利論を展開する。すなわち、彼女は「子どもの第一の権利は親を選ぶことである」[37]と論じ、子どもには親の欠陥や過ちのために苦しめられてはならない権利があると論じている[38]。彼女によれば、「子どもの第一の権利とみなされなければならないのは、子どもは不調和な結婚からは生まれてはならないということ」[39]であり、親たちは自分と子どもに重大な結果を招くような結婚をすべきではないのであって[40]、新しい生命は夫婦の優しさや健やかさと調和や幸福のもとで生み出されなくてはならないのである[41]。

ケイによれば、精神的に病む人の多くは、出生時や幼児期の家庭状況に何らかの問題があったことが多く[42]、そのためにも親が冷淡な心や感情のもとで子どもを生むことは、子どもに非常に重い過ちを犯すことになるのであって、その過ちは新しく生まれてくる子どもに植え付けられてしまうのである[43]。それゆえ、子どもを確実に保護するためには、結婚生活に入る方法と年齢と動機を変えることである[44]と、彼女は述べている。そして、彼女は捨て子や子殺しと児童虐待に対しては刑罰や親権の取り消しなどがあるが、その前に子どもに行使される親権をもっと制限すべきであり、怠慢な児童扶養義務者には警告を与えるべきであると述べている[45]。

さらに、離婚などで子どもの帰属が問題になったときは、その最終決定権は父親ではなく、母親に与えるべきであり、母親が子どもの養育能力が無いと証明されない限りは、母親が子どもを引き取る権利を持つべきである[46]と、エレン・ケイは述べている。また、彼女は、離婚に際して父親の姓と同様に母親の姓を名乗ることも子どもの権利として許されるべきである[47]と述べ、一人ひとりの子どもが父と母の双方に対し同じ権利を持たない限り、将来の道徳の基礎は築かれない[48]と、子どもの親を選ぶ権利や子どもの道徳的成長の権利を主張しているのである。次に、このような子どもの権利を説くケイは、子どもが望ましく成長するための環境として学校の在り方と、その具体的な教育について論じているので、以下に彼女の学校教育論を考察しよう。

3　学校教育論

エレン・ケイは、子どもの成長する権利に基づいて、理想の教育は子どもを楽しくさせ、怖がらせないことであると述べている[49]。子どもを楽しくさせる端的なものとして、教科書が有益な役割を果たしていることは議論の余地のないことではあるが、果たして教科書が子どもの楽しみと勉強の両方に役立っているであろうかと、彼女は子どもの立場に立って疑問を提起している。彼女によれば、教科書は宗教書や詩、自然科学や歴史からの寄せ集めの本であり、教訓的で論説が多く、その大部分が子どもにはおもしろくないものとなっている[50]。そして、彼女は教科書が子どもにとって十分に楽しく、魅力的で効果のあるものとするために、教科書に児童書を使うことを主張する[51]。彼女によれば、幼少期の子どもにとっての童話は、子どもにとって最も魅力ある精神の糧であり、また最良の栄養なのである。しかし、教科書に使う児童書は単なる児童書ではなく、人類の宝である民話や知恵と笑いを含むものでなくてはならないのである[52]。

一方、子どもを楽しくさせるものとは反対に、子どもを怖がらせるものとして、エレン・ケイは体罰を挙げ、その問題点を次のように述べている。すなわち、多くの人が教育において威嚇と苦痛を与える殴打の必要性を言うが、殴打を懲罰として行う教育は、子どもを動物として扱うことであり、また威嚇や苦痛が人間の最良の教育手段であるから子どもにも当然の方法であるとする説は妄言であって、真の人間は鞭なしに教育することができると、彼女は論じている[53]。

エレン・ケイによれば、体罰は子どもの精神生活のうえで数えきれないほど多くの成長の阻害や感情の破壊と混乱をもたらし、また知能の発展を阻害するものであって、何も教育的な効果をもたらさないので、二・三歳の子どもの教育から、叩くという手段は抹殺されなくてはならない[54]。まさに、彼女が述べているように、体罰の擁護者は自分が幼いときに受けた体罰の恐怖感を忘れ、子ども時代の感情や印象を思うという教育者の基本条件を欠いているのであって[55]、子どもはまだ道徳的観念が十分でない存在であるのに、その誤りや欠点を罰することは愚かであるとともに、残酷なことなのである[56]。

そもそも、体罰は自制心、英知、忍耐、品性の欠如や不足から生まれるものであって[57]、鞭打ちや体罰刑はそれが行われる国や国民の文明度を測定する物差しであり、体罰を加える者は文化程度の低い恥ずべき存在なのである。特に、体罰教育は教育者の忍耐力や知性を失わせるように、教育者を愚かで不道徳にするのである。したがって、体罰の根絶には家庭や学校で叩くことや体罰を加えることを禁止する法律を制定し、教師が体罰を加えたら無条件に解雇する法律で禁止するべきであると、ケイは言うのである[58]。まさに、彼女が結論するように「穏やかに取り扱われるのが習慣になっている子どもだけが、暴力手段によらずに、いかにして他人に影響を与えるかを学ぶであろう」[59]し、反対に「体罰刑は卑怯者を一層卑怯にし、強情者を一層強情にし、頑固者を一層頑固にする。体罰刑はこの世のあらゆる悪の根源である二つの感情、憎しみと恐怖を強める」[60]だけなのである。エレン・ケイにおいては、子どもに対する鞭打ち刑は、貧しく怠慢な子どもの養育によるものであり、精神が敏感である子どもには精神的な深い傷となり、憎悪を生み出すだけであって、道徳的な転換の起点とはならないと考えられているのである[61]。

また、エレン・ケイによれば、体罰とともに、教育の最悪な手段は訓戒であり、有効な訓戒は稀であって、短時間の訓戒によってのみ子どもに自責自戒を起こさせ、誤りを正すことである[62]。例えば、子どもの嘘について、子どもに体罰を加えたりするのではなく、子どもに嘘が悪いことを身をもって感じさせ、子どもの改心によって失われた信用が回復するのであるということを覚らせるべきであって、そして嘘の原因となる子どもへの教師の威嚇や圧迫は、子どもに不正直な行為である嘘をつかせるので控えられるべきなのである[63]。

ところで、エレン・ケイの学校教育論であるが、彼女によれば、いわゆる良いと言われる学校では非個性的で無難な者が模範となり、静かで従順な子どもがその学校では最良な子どもとされている[64]。しかし、彼女においては個性を伸ばすことが幼い頃からの教育の目的であって[65]、特に「学校の目的は、家庭や社会の目的と同様に、常に力と幸福を強めながら、生活力を低下するあらゆる影響力との闘いを続けながら、子どもの生命をより高尚なかたちに発展させることでなければならない」[66]のである。そして、学校の大きな目的の一つは、システムやスケジュールではなく、生命と幸福に支配されることであり、授業で大切なことは子どもの自主的観察力と自主的作業力を教育方法として用い、またそれを子どもの観察の指標として用いることなのである[67]。

ところが、同時代の学校は、エレン・ケイが批判しているように、少数の私立学校を除き、誤り偏った愚かなやり方で子どもたちが入学するときに持っていた知識欲や自発的行動力と観察力を修学年限の終わる頃に全く消してしまい、その後の学校教育も青年たちの精神的欲求や吸収能力と正常な精神的な栄養を摂取する能力を損ない、学校は彼らの勉強した年月を無駄にしていたのである[68]。

また、同時代の学校は、国民教育の普及として学校の数や整えられた教材を挙げるが、ケイが見るところ彼女の考える目的と矛盾しているのである。エレン・ケイによれば、当時の学校は優れた教師や行き届いた教育法によって子どもたちの授業を行っているが、それはむしろ子どもの精神的怠慢を生み、知的活動を減退させる原因になっていて、国民教育を決めるのは学校でどのような科目を教え、どのような教材を利用してどのように教えるかが重要なのである。すなわち、学校には家庭や国家と同様に、個人にできる限りの発展と幸福を与える以外に義務も権利もないのであり、また子どものために学校が取り上げる精神のメニューを選択する権利は親にあると、彼女は考えるのである。特に、親が教師と子どもに適した精神的メニューを決めるべきなのであるが、しかしそのなかには高度な知識につながる基礎的要素が含まれ、必須科目として授けられなければならないのである[69]。

ケイによれば、数学と文法が理解力を増進するという教育上の見方は偏見の一つである。数学や語学の勉強が高い段階に達したときは別として、数学の問題が解けず文法の規則が理解できないことと、観察力や決断力と判断力がないこととは因果関係はないのである。そして、調和的発展という教育学上の成果は人間教育において輝かしいものであるが、しかしそれは教育者の処方による調和ではなく、子ども個人が持ついろいろな能力における、子ども自身の選択によって得られる調和でなくてはならないのである[70]。したがって、エレン・ケイにおいては、必修科目は制限されるべきものであり、読み書きと四則の計算と小数、地図と時間表を理解する程度の地理、最小限の博物の知識、またボタン付けと靴下の繕いができる程度の針仕事、それに広い世界へ出ていくために一番役に立つ英語の基礎が必修科目とされるのである[71]。

以上のような学校教育の目的とその問題点を論究するなかで、エレン・ケイはまた学校教育とその制度の理想像について論じている。すなわち、彼女は将来の学校がまず行わなくてはならないのは、「精神に完全な自由な自力発展の機会を与えること」[72]であると述べ、改革すべき学校の制度として幼稚園と幼児学校を小規模な家庭学校に変えることであると述べている[73]。ケイは、当時の二年の幼児学校と四年の国民学校に代えて、九歳か一〇歳で始まる小規模な男女共学の家庭学校と、一五・一六歳で終了する初等義務教育の後に、自由選択制の教育課程を持つ中等・高等学校を考えているのである[74]。

エレン・ケイは、幼稚園と幼児学校を小規模な家庭学校に代える理由を次のように述べている。すなわち、ペスタロッチ（Johann H. Pestalozzi, 1746-1827……引用者註）やフレーベル（Friedrich W. A. Fröbel, 1782-1852……引用者註）は、確かに優秀な教育者の養成や家庭外労働のために育児能力がない母親の救いとして決定的な役割を果たしたが、幼稚園や保育園が理想的な教育機関であるとする傾向のなかで母親の教育能力に期待しないのは問題であると述べている。また彼女は、幼稚園や保育園の集団主義の教育よりも、子どもの精神を深めて企画力を駆り立て、空想力を養う自由な教育を重視するのである[75]。まさに、この論には彼女の自由主義的な個人主義の教育観が表れていて、彼女は「幼稚園システムは反対に、小廻りのきく弱い人間と、頑な『群衆人間』を作る極端な手段の一つである」[76]とさえ述べている。

エレン・ケイによれば、ドイツにおけるドイツ魂の教育に典型であるように、幼稚園で子どもは画一的に訓練され、自分の好みに従って粘土をこねるのではなく型にはまることを覚えさせられ、集団的規律と愛国的感情や集団的義務観念に従うように作られ、個人としての正義感や良心に対して正直であるようには教えられていないである。また、彼女によれば、このような傾向はどこの国の学校でも同じであって、自分や自分の属する集団や国が犯した過ちに盲目的で無自覚な大衆を作ることとなっているというのである。こうした集団主義の幼稚園や学校は、彼女にとっては単なる物を作る工場のようなものであって[77]、批判の対象となっているのである。

エレン・ケイは、生後の三年間だけはより高い教育の可能性を準備するためにある程度の訓練が必要であるとしながらも[78]、特に幼稚園に必要なことはそこで子どもが自由に遊べる自由な場所であって、危険な場合は別であるが保母や親は子どもにことさら干渉せずに、子どもの遊びを通してその素質や才能を注意深く観察することであるとしている。彼女によれば、子どもを観察することは、子どもの活動を楽しい有用な目的に結びつけ、子どもの個性を尊重することである。そのためには、詰め込み主義の教育と集団主義的な教育方法から子どもを解放するべきであり[79]、「フレーベルの文句、『子どもたちのために生きよう』は、もっと意味の豊かな『子どもたちを生かそう』に換える必要がある」[80]と、ケイは言うのである。

また、幼児学校で行われる教育は、家庭のそれに比べて、一人ひとりの子どもの人格の特性を十分に観察し、それぞれ異なった天性に応じて教えることはできないと、ケイは述べている。一方、家庭では、時間表や課程にこだわらず個性尊重主義を取り入れられるし、選ばれた少人数の仲間で理想的な教育ができると、ケイは言うのである。彼女にとっては、学校の画一的な規律は人格を押し潰し、学校の利点とされる社会的な一員として義務を学ぶということも仲間から悪い影響を受ける危険や衆愚化の危険を有するものと捉えられているのである(81)。

その後の教育として、彼女の考える未来の学校では、以上の基礎教育のもとに一般教育が継続され、個々人に合わせて教育計画が作られる。彼女が考える未来の学校の教育は、通信簿や卒業試験もなく、ただ習得した知識に対する口述と筆記の報告を求めるが、それも細かい知識ではなく、自然や人間と過去や現在についての全般的な教養により成績が付けられるのである(82)。その教養教育の科目は、英語とともにドイツ語とフランス語、自然科学と数学、歴史と地理であり、全科目が自由選択制とされていて、語学では文法は学問研究としてその後の勉強で認めるが、一般教育としては文学作品を理解する程度に留められているのである。また、語学は子どもたちを苦しめないように、一度に三科目を勉強するような重複を避け、同様に主要な科目である歴史と地理や自然科学と数学も、同時に教えることがないようにしている。そして、自然や社会の各分野の科目も専門科目として学ぶのではなく、例えば地理学、植物学、動物学は自然界における生命とその発達の法則を追求し、生徒自身がそれらを観察して結論を下すことができるような一般教養を付けさせることが目的とされている。さらに、民俗学、社会学、経済学、宗教学、芸術史、文学史なども、その大要が人類史として総合化され、それぞれの枝葉末節的な事柄が詰め込まれることなく、それぞれの知識が総合的に把握されるような教育が理想とされているのである[83]。

このような教育の方法は、エレン・ケイによれば、当時の中等教育とは正反対の、教師が子どもを自分自身で観察する教育の方法なのである。すなわち、教師は初めから試験や予習のために講義で生徒に知識を与えないで、生徒が自ら自分の課題を見出すように教えるべきであり、生徒に本の選択や課題の解決を指導し、生徒が科目の知識をどの程度理解しているかを確かめ、足りないところを指摘し、十分なところは評価する教育方法なのである。エレン・ケイにおいては、「自分で案出し――大体、長く尾を引くような誤りでない限り細かい訂正はせず――、自分で模索して、正確に完全な作業および表現方法を発見する」[84]ことを生徒に訓練するのが本当の教育なのである[85]。

ところで、彼女の授業論は、第一に個人の才能が明確に現れているときには専門化すること、第二にある期間特定の科目を集中的に教育すること、第三にすべての学習の時間に自習作業をさせること、第四にすべての学習を実物と接触させること、が授業の原理・原則となっている。特に、他者の助けのもとに家庭で行われる散漫な自習とは異なり、教師の指導のもとで行われる自習は短時間に自分で仕上げなくてはならないので、授業を非日常的な効果のあるものにすることができるのである[86]。まさに、ケイが言うように、授業の方法は抽象的な小間切れの授業の詰め込み主義であってはならず、具体的で子どもの自主性を認めるものでなくてはならないのである(87)。

　また、エレン・ケイは試験について、試験の効果は概して直ぐに消えてしまうものであるが、試験が終わった後に残るものが本当に学んだものであると述べ、試験の点数や成績証明書は教育全体の目的ではなく、むしろ目的は生徒たちが自主的な学習活動に基づき自ら知識を摂取し、精神的な楽しみを求めて勉強することであると述べている。そして、自由選択と自主的学習から身につけた知識を通して時間や空間を条件に、現実の事象や思想の関連性や因果関係を見ることができるものが教養であると述べている(88)。

　そのために、学校の建物は、生徒各自の席がある教室とは別に、教材が整えられた自習室があり、また綺麗な図書室が最大の勉強部屋となるような建物であるべきであって、さらに生徒の自主的な自然学習と園芸や手工ができる大きな庭園に囲まれ、ダンスや自由遊戯ができる屋内ホールと運動場が備わった建物でなくてはならないのである。そして、学校は著名な美術品の実物や模造品によって飾られ、図書館には優れた世界の文学作品が備えられていて、生徒たちの本の選択や読書が適切にできるように、教師たちによって十分な指導の準備が整えられていなければならないのである(89)。

　以上のようなエレン・ケイの学校論とその教育論の特徴は、初等教育のみならず中等教育も男女共学を主張している点であり、また階層の区別がない共に学ぶ学校である。すなわち、やがて一緒に生きなくてはならない男女が多くの時間を別々に学ぶのは好ましくない教育で、子どもたちは自然の掟に従って男女共学の学校で共同作業を行うべきなのである。また、階層の違いを越えて相互を理解し、相互扶助や信頼を学ぶことが彼らの将来の家庭や社会において幸福な共同行動を可能にするのであって、共学がすべての人のものとならなくては意義のある学校にもならないし、真の学校にもならないのである。まさに、彼女においては、男女共学が道徳や結婚、女性の問題や労働問題といった社会問題の障害を解決するための重要な要件となっているのであり(90)、また女性の問題が教育の基底の問題ともなっているのである。そこで、次にケイにおける女性の問題について考察しよう。

4　女性論と母性論

エレン・ケイは、彼女の同時代の女性が置かれた状況を次のように論じている。私たちの世紀は、女性のために新しい労働の分野を開いたが、同時に女性の生活を厳しいものにした。すなわち、女性は、既婚未婚を問わず、しばしば自分の分だけでなく、家族までを扶養する重荷を担い、病身や酒飲みの夫、兄弟姉妹や年老いた親をかかえ、身を磨り減らして稼いでいるのである。そのような女性たちは、頭脳労働であれ手仕事であれ、生活の糧を得るために苦労し、また妻や母として家事労働にも苦労している。夫は家庭で体を休めて仕事に出ていくが、妻は疲れ果てたまま仕事に出ていく。おそらく、彼女たちは、家庭に帰ってからも夜なべ仕事をしなければならないであろう。このような状態のなかで、女性たちが自分たちの精神的な解放のために読書や思索をしていることは驚くべきことであるが、しかし彼女たちはやがて職業が女性の解放と同意語ではないことに気づき、職業はせいぜい女性の解放のための一手段であることに気づくであろう[91]と。

女性の置かれたこのような状態に対し、エレン・ケイは、女性が社会に参加して務めを果たすには完全な市民でなければならないし、そのためには選挙権が必要であり、女性はあらゆる面で男性と同じ権利を持つべきであって、そうした男性と同等の権利を持ったとき真に男性の協力者となり得ると述べ、特に母親は青少年の教育や彼らに影響を及ぼす社会の秩序作りに関する決定権を持って社会に参加すべきであると述べている[92]。まさに、ケイが言うように、女性は自分自身と子どもの生存価値を高めるために、女性が立法に参加する権利を獲得しなければならないし、また女性はまだ生まれていない子どもと、その子どもの心身の教育を考えることが社会改革であるということを理解しなければならないのであって、そのことを女性が理解しなければ国会や政府も、言論機関、労働会議、平和会議、科学や文学などの活動も、相変わらず微々たる成果しか上げられないのである[93]。

エレン・ケイは、女性の労働条件の改善のために女性の労働を保護する法律が論議されて施行されるべきであると述べているが、一方で「婦人のため新しい労働分野を開くことよりも、その労働が婦人たちの生命力を搾取しないよう……人間として妻として母としての発展と幸福の可能性を、早々に失わないようにすることである」[94]と、女性の労働条件の改善とともに母性としての女性の立場を擁護している。すなわち、ケイは、女性が未婚や既婚を問わず、身を磨り減らすような労働条件のもとで母性のために必要な活力を失うことがあってはならないと述べ、母性は女性にとって本質的なものであり、その務めを女性に果たしてもらうことが社会の重要なことであって、女性から母性の幸せと子どもを保護する母親の役目を奪いつつある状態を変えなければならないと述べているのである[95]。

エレン・ケイは、女性が自己主張をし、一時的に家庭や家族から離れて独立できるような職業や労働に従事することは必要であるが、その後に妻や母親になる選択をし、家庭と家族のなかで権利を獲得して初めて男性と精神的に同等となると考えるのである[96]。したがって、彼女が考える婦人解放運動は、女性が自分の権利において、人間としての権利を十分に発達させることが目的や内容とならなくてはならないのであって、そのためには女性の労働条件などとともに、婦人にとって不公正な法律的条項を撤廃し、また女性の家庭における役割を重要視しなければならないのである[97]。

このようなエレン・ケイの女性解放論は、男女の平等をはじめ選挙権などの社会的な女性の権利の獲得に終始することなく、出産という女性固有の役割と家事や育児における母性の復権や擁護についても言及している。すなわち、彼女は、一般に女性たちが尊いとされるのは母となる存在であるからであり(98)、女性の最大の社会的任務とその最高の幸福は母性のなかにあると述べている(99)。彼女によれば、女性が母性としての、男性が父性としての修養を積み、両者が一緒になって初めて、新しい世代を育てて世に送り出すことができるのである(100)。

他方で、彼女は、子どもの柔らかい手に触れて感激して子どもに全身を捧げようと考えない女性が母親になったら、彼女の子どもは彼女自身よりもさらに哀れになるにちがいないと述べ(101)、養育の他に価値のあるものを作り出せると考えている女性は決して子どもの養育をやってみようとはしないであろうし(102)、そのような母性の力が弱まったとき人間は個人的、民族的、人類的な仕返しを受けることになるであろうと述べている(103)。

このような女性の最大の社会的任務とその最高の幸福が母性にあるとする女性観や母性至上主義は、ケイの主要著作『恋愛と結婚』(104)における主張と軌を一にする所論であるが、彼女の同時代の女性解放運動家たちからは批判の的となった。エレン・ケイの女性論は今日においても当然問題であるが、しかし彼女は母性が女性の本質とだけ考えていたわけではない。すなわち、彼女は同じ文脈で、「婦人にとって、結婚の内でも外でも、仕事を選びかつこれを継続する完全な自由、母になることを選ぶかまたは避けるかの完全な自由、これは婦人解放への道であり、進歩への路線である」(105)と述べているからである。いわば、彼女の女性論は、女性は台所と子ども部屋に戻れという古い通俗的な女性観ではないのである。

また、エレン・ケイは、母親が子どもを育てるときの無知は子どもの不幸を招くので、女性に選挙権を獲得させるとともに、男性の徴兵義務と同じように女性には育児法や家政学と保健学や看護法の習得を義務づける法律を制定するべきであると述べ、児童心理や家政、保健、看護についての知識は、一生母親にならない女性たちにもある程度必要であり、彼女たちにとっても有益であると述べている(106)。

このエレン・ケイの女性論は、育児が女性のみに課せられていた時代の所論と言うべきであるが、しかし彼女は母性の役割が子どもの出産や授乳によって終わるのではなく、子どもの教育期間中も継続されなくてはならないと論じ、そのために育児期間中は社会からの養育手当を受け、生活費を稼ぐための家庭外労働から免除されるべきであると、母性の保護を強調しているのである。さらに、何かの理由によって子どもの世話や育児ができないか、またそうしたくない場合は、その収入で子どもを養育する代理者に任すことを否定する訳ではないと論じ(107)、むしろそのためには保育所をはじめ多くの幼児や児童施設が不可欠であると述べている(108)。確かに、女性の多くが母親になるという事実から、女性が出産と育児に関する知識を持つことは時代を超えて必要なことと言ってよいであろう。また、今日ではまさに当然のこととされているが、母親が育児の期間中は育児手当が支給されて然るべきであることを、エレン・ケイが二〇世紀の初頭においてすでに唱道していたことは極めて注目に値する主張である。

5　家庭教育と母性の教育

エレン・ケイは、子どもが幼いときは家庭が養育の最良の場であると考え、母親と子どもを家庭に滞在させる社会組織と文化政策が必要であると述べ[109]、母親が家庭外の仕事や社会活動から子どものもとに呼び返され、子どもも児童労働や街頭から家へ戻ったときに生き生きとした教育が家庭生活を通じて実現できると述べている[110]。彼女によれば、家庭は子どもの肉体を入れる家だけでなく精神の家でなくてはならないのであって、堅実で安定した家庭の秩序が人間を教育する際の最も力強い建設的な要素であり、家庭における平和と快適さや情愛の深さが子どもの親切心と労働意欲や堅実さを発展させるのである[111]。したがって、エレン・ケイにおいては、良い家庭とは親が子どもに自分の仕事や努力を誠実に自然と見せるように行動して生活し、喜びや苦しみ、過ちや失敗も見せながら、子どもと意見や考えを交換しつつ子どもを教育する家庭なのである[112]。

ところが、エレン・ケイは、同時代の道徳的退廃の原因は流行の文学や不信仰ではなく、家庭の喪失に原因があると考える。すなわち、彼女によれば、家庭の喪失の原因は、子どもの教育のために学校が発達し、学校の役割機能の増大に伴い、家庭での子どもの生活が宿題に典型を見るように学校の準備に費やされ、また母親が家庭外の労働や活動に追われて子どもと親の深い関係が失われたからである[113]。母親が教育や道徳の討論会にどれほど出席しても、母親が家庭に有害な影響を及ぼす過度の労働や活動から免れ、落ち着きと素朴で新鮮な家庭生活を取り戻さない限り、子どもは犠牲にされると、彼女は述べている[114]。彼女においては、「母親がまじめに理解しなくてはならないのは、教育より以上に大きな価値をもつ社会的な仕事はないこと、教育については、家庭内における母親の規則正しい影響力に代わるものは何もない」[115]ということなのである。

家庭における親の態度と親子関係の在り方について、エレン・ケイは次のように述べている。すなわち、子どもたちは親のためにのみ存在するべきものと願う親と、自分は子どものためにのみ生きていると考える親の態度は、子どもにとっては両方とも好ましくない。前者の親は、子どもが自分たちの理想や考え方に似ることを求め、子どもの個性を見ない支配欲の旺盛な親であり、後者の親は自分の人格を殺すことで愛情を示し、子どもに関わることをすべてにおいて優先させるほど優し過ぎるのであって、両者とも子どもを苦しめる点では同様なのである。ケイにおいては、親も子どももそれぞれが自分の生き方をし、どちらも相手を尊重して生きる家庭が理想なのであり、またそれぞれの権利を認める親子関係が理想なのであって[116]、特に「父親も母親も自分たちの最高の理想が子どもの最高の理想となることを、決して期待してはならない」[117]のである。

一方で、エレン・ケイは、当時の家庭は学校の予備校以外の何ものでもなく、子どもたちは母親に学校の宿題をやってもらい、遊びをはじめ何かと甘やかされるため、利己的で思いやりのない青少年が育っていると述べている[118]。しかし、子どもの喜びと幸せを生み出すのは、子ども部屋における子どもの世界での単純な遊戯や自主的な活動であり、親が子どもに豪華な玩具を与えたり、遊びを作ってやることではないのである[119]。彼女によれば、子どもに物を与えるときは、常に労働とか犠牲とかの意味を含ませるべきであり、むしろ子どもには早い時期から一定の家事労働をさせることを習慣化すべきなのであって、無報酬の奉仕が子どもに善意を発達させるのである[120]。

以上のような家庭における教育は、エレン・ケイにおいては特に母親によって担われるのであるが、しかしすでに見てきたように多くの母親が工場などで働き、また母親や女性が婦人解放の思潮のなかで諸種の社会的な活動や運動に参加し、育児をはじめ出産さえも望まない傾向にあった。そこで、ケイは、一見して時代の潮流に反するかのようであるが、家庭の教育力の復興のために母性の覚醒と回復を説くのである。すなわち、彼女は、当時の女性たちが、自立して独立的な社会の一員として、より高尚な職業に没頭するために低次元の母や妻の義務から自由になることを欲するならば、未来の女性はどのようになるのであろうかと疑問を呈し[121]、また女性が母や妻の仕事を負担と感じ、それらを低次元なものと見なし続けるならば、子どもや家庭の世話はそれらを職業とする女性に引き継がれるであろうと述べている[122]。しかし、ケイによれば、通常はどの子どもも、家庭で母親の世話を受けるのがより幸福なのであり、また世話を求めているのである[123]。そこで、彼女は、同時代の多数の女性がすでに非母性的であると言われているなかで、新しい世代を真に教育するためには、まだ試みられていない母性や女性らしさのすべてを訓練する以外にないと考えるのである[124]。

ところで、エレン・ケイにおいては、母性とはどのように考えられているのであろうか。彼女によれば、母性は太陽にも喩えられる強大なエネルギーの源であり、産み育て、愛し、保護して訓育する力を意味する。母性は古代では豊穣とともに宗教的な崇拝の対象として受け入れられ、またスパルタやローマでは子どもを育てることが母の天職となり、そして中世に至ってカトリック教における聖母マリア信仰のように母心が慈愛や幸福の象徴とされてきた[125]。さらに、母性は古くは幼い者を護る動物的本能であるとされたが、やがてそれは介助や同情、優しさや個別的な愛とされ、特に愛他主義の萌芽と考えられてきたのである[126]。ケイによれば、母の愛において自己犠牲と自己実現が調和されるので、母性の本性は利他主義と利己主義を調和するものなのである[127]。

しかし、このような女性の本性や天職の決定的要素である母性には、すでに子どもを導こうとする本能が存在しているとする仮説は、エレン・ケイにおいては克服されるべき迷信であって、母性は発達されるべきものとして若い女性たちの人間本性のうちに形成されなくてはならないのである[128]。ここに、まさしくケイにおける母性の教育という課題が浮かび上がってくるのである。

ケイによれば、母性は子どもを生むことと育てることのどちらが欠けても発達するものではなく[129]、子育てをしている賢い母親は意識せずとも子どもたちに最も栄養のある食べ物を与え、彼らの成長に最善の状態を作り出し、あたかも太陽と露のように彼女自身の本性の穏やかさと知恵によって子どもたちの魂を育てているのである。彼女の母性は、子どもたちの要求に対して彼女の拒否が罰となり、微笑みが応えとなるように、適切に応えているのである[130]。このような母親の在り方を教える母性の教育は、それを必要と感じていない一〇代前半の、抽象的な知識の詰め込みに追われている少女に教えることは適切でなく[131]、母性の教育の適切な時期は職業的専門教育の終わった後の、また法律で結婚が許されている二一歳頃の一年間の時期なのである[132]。

そこで、エレン・ケイの説く母性の教育の内容であるが、それには以下の三つの課程が考えられている。すなわち、第一には家庭科学の基本的な科目であって、具体的には家庭経営や家族管理、国民経済学と衛生学の基礎理論であり、第二に心理学と幼児教育学の理論と実践論であり、第三には優生学と生理学の理論であって、その他には料理や裁縫よりも子どもの睡眠や栄養と運動、病気の子どもの世話についての実際的な訓練が考えられているのである[133]。そして、彼女によれば、このような母性の教育を行う指導者は、母性の使命を自覚し、見識と人格に優れた教育能力のある高潔な女性でなければならないのである[134]。

6 評価

エレン・ケイは、『児童の世紀』の冒頭において、「二〇世紀に特徴を与えるのは次の新しい世代であろう」[135]と書き、また同書の教育について論じた章では、二〇世紀が児童の世紀になるのは、子どもにおいて人類の新しい運命と発展を予感し、大人が子どもの心を理解し、子どもの心の素朴さが大人によって保護されるときであると述べている[136]。二一世紀に入った今日、果たして二〇世紀がケイの述べたように子どもを保護した児童の世紀であったと言えるであろうか。すなわち、人類は二〇世紀に二度の世界大戦の愚行を犯し、現在でも世界は戦争や紛争が絶えない。戦争や暴力の最大の被害者となるのは子どもであり、戦争は次の世代に大きな傷を残すのである。

二〇世紀は、エレン・ケイが望んだ「児童の世紀」とは反対に、「戦争の世紀」であったと言える一方で、人類は世界大戦の反省から国際連盟や国際連合を組織し、曲がりなりにも世界の子どもの福祉や権利を考えてきた。すなわち、第一次世界大戦後の国際連盟は一九二四年に「子どもの権利宣言」、いわゆる「ジュネーブ宣言」を採択し、特にロバート・オウエン以来の児童福祉の伝統のあるイギリスでは、一九三三年に児童虐待の防止の強化を図った「児童青少年法」が成立している。

第二次世界大戦後では、一九四六年のユニセフ(国際連合児童資金)の活動が、今日に至っても世界の子どもの健康と福祉に尽くしている。日本では一九五一年にすべての児童の幸福を図るための「児童憲章」が制定され、国際的には一九五九年の国連総会で「児童の権利に関する国連宣言」が採択されている。そして、一九七九年は「国際児童年」と決定され、一九八九年に「子どもの権利」を国際条約として各国政府に義務づけることとなり、一九九四年に日本も「児童の権利に関する条約」を批准し、今日に至っている。

このような「子どもの権利」を巡る歴史において、子どもの権利の思想的淵源は教育史上ではルソーの一七六二年の著作『エミール』に見出されるが、子どもの保護や権利に関する二〇世紀の国際的な動きは、一八世紀末から一九世紀の半ばに展開されたルソーとペスタロッチやフレーベルの近代教育の教育思想における児童中心主義を基底として、一九〇〇年を前後してデューイ（John Dewey, 1859-1952）をはじめモンテッソーリ（Maria Montessori, 1870-1952）などによって世界的に展開された教育運動、いわゆる「新教育運動」に依拠していると言える。一九〇〇年のエレン・ケイの著『児童の世紀』は、その鏑矢となった著作であり、子どもの権利を主張した先駆的な業績であると言えるのである。まさに、今日の我が国の教育史家が評しているように、ケイは社会や学校教育の現状を批判しながら、ルソーやペスタロッチが提唱した近代市民社会の基本的な教育の改革を個人主義的な方向に進めるドイツの改革運動に影響を与えた人物であり[137]、ケイは当時の幼稚園や学校の子どもへの対処方法と教育内容を厳しく批判し、子どものための教育を主張した「ネオ・ルソー主義」の一人とされている[138]。

また、ドイツの教育史家であるキール大学の教授ブレットナー（Fritz Blättner, 1891-1981）は、エレン・

ケイはフレーベルの「我々の子どもたちに生きよう」(Lasst uns unsern Kindern leben!) という命題を「我々の子どもたちを生きさせよう」(Lasst uns unsere Kinder leben lassen) と言い換え、教育改革運動を特徴づけたと評し[139]、特に旧東ドイツの教育史においては、エレン・ケイは子どもの限りない創造的な発達の可能性のために伝統的な学校制度を拒否し、「子どもの権利」(die Rechte des Kindes) を主張して「子どもから」(vom Kind aus) の教育学を展開した[140]と評価されているのである。

ところで、エレン・ケイが述べているように、「全生涯を通じて子どもの時代ほど平和を必要とする時期は絶対にない」[141]のであって、平和のなかにこそ子どもの幸福が見出されるのである。いわば、二〇世紀の児童の世紀は平和な世紀でなくてはならなかったのであり、また二一世紀こそはそうでなければならないのである。そして、子どもの幸せの個人的境遇としては、家族や家庭が平和なうちに、特に母親が平安な状態にある必要があり、そのためにはケイが述べているように女性や母親が男性と同等の社会的権利を持ちながら育児期間においては労働から解放される必要があり、また母親たちが子どもたちの教育に影響を及ぼす社会の秩序作りに決定権を持つような権利と社会的な参加が必要なのである。

とりわけ、エレン・ケイは、女性が出産のみならず子育てに必要な知識や教育が必要であると、母性の教育を提唱しているが、それは好ましい子どもの育児ができるような母性の教育を提唱することによって子どもの権利と母性を徹底的に保護する積極的な教育理念であると言えるのである。

また、ケイが提唱する一年間の母性の教育は、女性たちが貧富や階層の差なく、未来を担う新しい世代を養護して教育するという女性の社会的な義務を覚醒し、国家社会における階級を平等化する制度であり[142]、また「母性の教育は、家庭の務めを上手に果たす賢い母親たちを国々に提供する」[143]という、国際的な視野を有する理念なのである。このようなケイにおける子どもの権利論や母性の教育論は、時代は隔たっているが、子どもの成長と発達の権利を圧殺する戦争と、大人である親が忘れている親心や母性を、子どものために改めて考え直すための基本的で先駆的な論考と言えるのである。

註

(1) cf., Louise Nyström-Hamilton, *Ellen Key ; Her Life and Her Work*, trans. by Anna E.B.Fries, G.P.Putnam's Sons, New York and London 1913, p.19, p.6ff..
(2) cf., ibid., p.31, p.50, p.59.
(3) cf., ibid., p.67, p.71ff..
(4) ibid., p.81f., p.86ff..
(5) エレン・ケイ著、小野寺信、小野寺百合子訳『児童の世紀』冨山房、一九七九年、一五三頁。
(6) トールビョルン・レングボルン著、小野寺信、小野寺百合子訳『エレン・ケイ教育学の研究』玉川大学出版部、一九八二年、一七六頁、一八二頁～一八三頁、一八〇頁～一八一頁参照。

(7)エレン・ケイは前掲『児童の世紀』三八頁において、ハラルド・ゴーテの戯曲「獅子の子」の「次の世紀は児童の世紀になるよ」という会話から、「私のこの本の題名を与えてくれた」と書いている。
(8)前掲、エレン・ケイ著『児童の世紀』、一三九頁。
(9)同前書、一四四頁。
(10)(11)同前書、一四〇頁。
(12)同前書、一四一頁。
(13)同前書、一四〇頁。
(14)同前書、一四二頁。
(15)同前書、一四五頁～一四六頁。
(16)同前書、一四四頁。
(17)同前書、一四六頁～一四七頁。
(18)同前書、一八五頁。
(19)(20)同前書、一四一頁～一四三頁。
(21)同前書、一九二頁～一九三頁。
(22)同前書、三〇四頁。
(23)同前書、一五八頁～一六〇頁。
(24)同前書、三〇三頁～三〇四頁。
(25)同前書、一五頁。
(26)同前書、一〇三頁～一〇四頁。
(27)同前書、五六頁。

(28)同前書、七九頁～八〇頁。
(29)同前書、五五頁。
(30)同前書、五八頁。
(31)同前書、五六頁。
(32)同前書、五八頁。
(33)同前書、三七頁。
(34)同前書、七九頁～八〇頁。
(35)同前書、六一頁。
(36)同前書、六二頁～六四頁、六六頁。
(37)同前書、三九頁。
(38)同前書、一〇八頁。
(39)同前書、三四頁。
(40)同前書、五〇頁。
(41)同前書、四三頁。
(42)同前書、四一頁。
(43)同前書、四五頁。
(44)同前書、一〇八頁。
(45)同前書、五四頁～五五頁。
(46)(47)同前書、一二二頁。
(48)同前書、三〇頁。

(49)同前書、一九九頁。
(50)同前書、三一六頁〜三一七頁。
(51)同前書、三一六頁、三二三頁。
(52)同前書、三〇九頁、三二二頁。
(53)同前書、一六一頁〜一六二頁。
(54)同前書、一六三頁〜一六四頁。
(55)同前書、一六六頁。
(56)同前書、一六五頁。
(57)同前書、一六七頁。
(58)同前書、一六四頁〜一六六頁。
(59)同前書、一七三頁。
(60)同前書、一七二頁。
(61)同前書、六九頁〜七〇頁。
(62)同前書、一八三頁。
(63)同前書、一七六頁。
(64)同前書、二一八頁。
(65)同前書、二一七頁。
(66)同前書、二二〇頁。
(67)同前書、二二四頁。
(68)同前書、二七九頁〜二八〇頁。

(69)同前書、二八二頁。
(70)同前書、二三一頁〜二三三頁。
(71)同前書、二二四頁〜二二五頁。
(72)(73)同前書、二〇五頁。
(74)同前書、二八三頁。
(75)同前書、二〇五頁〜二〇八頁。
(76)同前書、二〇八頁。
(77)同前書、二一一頁〜二一二頁。
(78)同前書、一五四頁。
(79)同前書、二一〇頁〜二一二頁。
(80)同前書、二一二頁。
(81)同前書、二一四頁〜二一六頁。
(82)同前書、二二五頁〜二二六頁。
(83)同前書、二三四頁〜二三九頁。
(84)同前書、二二六頁〜二二七頁。
(85)同前書、二三七頁。
(86)同前書、二八七頁〜二八九頁。
(87)同前書、二八三頁。
(88)同前書、二九三頁〜二九五頁。
(89)同前書、二二七頁〜二三一頁。

(90)同前書、二八五頁~二八六頁。
(91)同前書、一一三頁~一一四頁。
(92)同前書、一二三頁~一二四頁参照。
(93)同前書、一二一頁、一三〇頁~一三一頁参照。
(94)同前書、一一五頁。
(95)同前書、一一六頁~一一七頁参照。
(96)同前書、一三〇頁。
(97)同前書、八七頁~八八頁参照。
(98)同前書、一〇九頁。
(99)同前書、一二一頁。
(100)同前書、一三四頁。
(101)同前書、九三頁。
(102)同前書、一三二頁。
(103)同前書、一三四頁。
(104)エレン・ケイの『恋愛と結婚』は、恋愛論のなかでも古典的とされており、その特徴は恋愛が新しい生命を生み、新しい価値を与えなければならないという母性主義にあり、また恋人同士の二人が恋愛を通して人類を豊かなものにしなくてはならないというところにある。
(105)前掲、エレン・ケイ著『児童の世紀』、一三三頁~一三四頁。
(106)同前書、五三頁~五四頁。
(107)同前書、一〇九頁。

(108)(109)同前書、一一〇頁。
(110)同前書、一八六頁。
(111)同前書、一八四頁～一八五頁。
(112)同前書、三〇三頁。
(113)同前書、二九七頁～三〇一頁。
(114)(115)同前書、三〇五頁～三〇六頁。
(116)同前書、一九四頁～一九五頁。
(117)同前書、二〇一頁。
(118)同前書、一八七頁～一八八頁。
(119)同前書、一八九頁～一九〇頁。
(120)同前書、一六〇頁。
(121)Ellen Key, *The Renaissance of Motherhood*, trans.by Anna E. B.Fries, Source Book, New York 1970 rpt., p.114.
(122)ibid., p.115.
(123)ibid., p.112.
(124)ibid., p.113.
(125)ibid., p.97ff..
(126)ibid., p.102f..
(127)ibid., p.105.
(128)ibid., p.109, p.118.
(129)ibid., p.149.

(130) ibid., p.134f..
(131) cf., ibid., p.158f..
(132) cf., ibid., p.160, p.169.
(133) ibid., p.161f..
(134) ibid., p.166.
(135) 前掲、エレン・ケイ著『児童の世紀』五頁。
(136) 同前書、二〇一頁〜二〇二頁。
(137) 長尾十三二著『西洋教育史』東京大学出版会、一九七八年、一九九四年二版二刷、二二二頁〜二二三頁。
(138) 川瀬八州夫著『教育思想史研究』酒井書店、一九七八年、一九九九年、六〇頁、六三頁。
(139) Fritz Blättner, *Geschichte der Pädagogik*, Quelle und Meyer, Heidelberg 1958, S.144, S.219.
(140) Karl-Heinz Günther hrsg., *Geschichte der Erziehung*, Volk und Wissen, Berlin 1988, S.442.
(141) 前掲、エレン・ケイ著『児童の世紀』、一四三頁。
(142) Ellen Key, pp.164ff..
(143) ibid., p.170.

第三章　マリア・モンテッソーリ

1　生　涯

モンテッソーリ (Maria Montessori) は、一八七〇年八月三一日、イタリア半島中部のアドリア海に面するアンコナ (Ancona) のキアラヴァレ (Chiaravalle) で生まれた[1]。軍人から官吏となった父と、信仰深い母親の一人娘として大事に育てられ、五歳の時に父親の仕事の関係でローマに移り住み、六歳でローマ・トレンチーノ区聖ニコロ通りの公立小学校に入学した。彼女は、小学校の低学年では特別利発な子ではなかったようであるが、一二歳の頃に数学に興味を持ち、翌年一三歳の秋に父親の反対を押して国立ミケランジェロ・ブウォナロッチ工科学校に入学し、一八八六年の春に優秀な成績で同校を卒業した後、さらに一八九〇年まで国立レオナルド・ダビンチ工科大学で学んだ[2]。

彼女は、父親の勧める教師より技師になることを望んでいたが、自分の興味が数学から生物学に向かうなかで医学を志し、一八九〇年に当時女性には開かれていなかったローマ大学の医師になるための課程に入学し、一八九六年女性ではイタリアで初めて医学博士の学位を取得した(3)。

一八九六年八月、大学を卒業した一ヶ月後、モンテッソーリはベルリンで開かれた国際婦人会議にイタリア代表として派遣され、婦人労働者の擁護や女性の権利を求める演説をして参加者の共感を呼び、新聞にも取り上げられるほど評判となった(4)。翌一八九七年、彼女はローマ大学付属病院の精神科で助手をしながら遅滞児の子どもに関心を抱き、その領域の先駆者であったイタール（Jean M. G. Itard, 1775-1838）とセガン（Edouard O. Seguin, 1812-1880）の心身障害児の教育に関する文献を熟読し、精神遅滞児の治療と教育について研究するとともに、遅滞児や障害児の教育施設創設の必要性を論文や講演で訴えたのである(5)。

一八九九年秋、モンテッソーリは、病院での精神遅滞児の臨床研究に励むなかで、イタリアには二校しかない国立上級女子師範学校の講師に任命されて衛生学と人類学を一九〇六年まで講義し、一九〇〇年にはローマに開設された障害児教育の施設とその教員養成校で精神障害の原因や障害児の教育法を講義した。しかし、彼女は、息子（Mario Montessori）までもうけた同僚のジュゼッペ・モンテサーノ博士との関係を絶つために、一九〇一年に施設と教員養成校を辞職し、その後ローマ大学で教育学、実験心理学、人類学を研究し、数多くの論文を発表した(6)。

一九〇四年、モンテッソーリはローマ大学の医学部や教育学部の学生たちに教授することを命じられ、一九〇八年まで人類学や生物学と、障害児と健常児の教育方法について講義した。その講義では、生物的・社会的原因による異常を観察することによって健常児の教育に取り組むことが語られ、新しい教育科学は学校の教育環境を通して生徒により良く生きる道筋を準備して示すことであることが説かれた。この間の講義録は、一九一〇年に『教育人類学』(*L'Antropologia Pedagogica*)として出版され、同書では教育の普遍的原理は教育されるべき子どもの本性の理解から始められなくてはならないことが強調されている[7]。

一九〇六年、モンテッソーリはローマのスラム街であるサン・ロレンツォ(San Lorenzo)地区の保育に欠ける子どもたちの世話と指導を依頼され、直ちに同意して一九〇七年一月六日マルスィ通り(Via dei Marsi)五八番地に「子どもの家」(Casa dei Bambini)を創設し、それまで取り組んできた障害児の治療と教育の経験を健常児の就学前の子どもたちに適用し、「感覚教具」(sensory materials)や「実生活の訓練」(exercises of practical life)として家事仕事を導入した[8]。一九〇七年一一月、彼女は四歳児や五歳児の文字の読み書きを可能にした教具・木製文字ケイスの原型となる実験を行い、数ヶ月の間に成果を上げたのである[9]。

モンテッソーリの教育法は、当時のイタリアでは革命的であって、教育関係者たちの関心と評判を呼び、一九〇八年には支援者や協力者も現れ、一九〇九年夏に彼女はチタ・デ・カステロで最初のモンテッソーリ教師養成コースを開設し、また同年に最初の著書『子どもの家における幼児に適用された科学的教育の方法』(*Il metodo della pedagogica scientifica applicato all' educazione infantile nelle casa dei bambini*, 1909. 一九一二年の英訳書名は『モンテッソーリ・メソッド』*The Montessori Method*, 一九四八年『子どもの発見』*The Discovery of the Child* に改題) を出版した[10]。同書は、数年のうちに二〇カ国以上で翻訳されるほど世界の多くの人々の間に行き渡り、ローマのモンテッソーリ「子どもの家」には世界各地から見学者が次々と訪れ、一九一一年に彼女の教育法がイタリアのみならずスイスの公立学校において公式に採用された[11]。

一九一一年、イタリアの王妃やローマ市長の支援のもとにローマに「モンテッソーリ協会」が創設され、イタリア各地にその支部やモンテッソーリ・スクールが設けられ、モンテッソーリ教育の普及が進められた[12]。また、彼女の教育法が国際的に広まるなかで、一九一二年に「イギリス・モンテッソーリ協会」が設立され、アメリカ合衆国では一九一二年の早春に「アメリカ・モンテッソーリ委員会」が結成され、翌一九一三年に「ニューイングランド・モンテッソーリ協会」が結成された。このようなヨーロッパやアメリカのモンテッソーリ教育に対する関心に応えて、一九一三年一月ローマに最初の国際養成コースが設けられ、特にアメリカからの留学生が多く、渡米してモンテッソーリ・メソッドのコースを指導してほしいという彼らの招待に応じて、モンテッソーリは一九一三年一二月にアメリカ合衆国に渡った[13]。

アメリカで、モンテッソーリは熱狂的な歓迎を受け、カーネギー・ホールにおいてアメリカ教育界の指導者であったデューイ（John Dewey, 1859-1952）の司会で千人規模の聴衆を前に講演し、またヘレン・ケラー（Helen Keller, 1880-1968）やその教師サリバン（Anne Sullivan, 1866-1936）に会ったり、シカゴやピッツバーグなどニュー・ヨーク近辺の都市で講演し、三週間の日程を終え一二月二四日の早朝に帰国の途に就いた[14]。

一九一四年、アメリカから戻ったモンテッソーリは、間もなくモンテッソーリの教育法に関する第二の著書 *Dr. Montessori's Own Handbook*（邦訳書名『わたしのハンドブック』）を英文で出版した。一方で、彼女はローマで第二回の国際養成コースを開催し、参加したアメリカの支持者たちからまた合衆国において養成コースを開くことを要望され、翌一九一五年アメリカを再訪した。同年四月二六日にアメリカ西部海岸のサンフランシスコに着いた彼女は、すでにローマでの国際養成コースで面識があり、ドルトン・プランの考案者となったパーカスト（Helen Parkhurst, 1887-1959）の協力のもとに、夏から秋にかけてロスアンジェルスやサンディエゴにおいて養成コースを開いたが、一一月に父親の訃報を受けてニュー・ヨーク経由でイタリアに戻った[15]。

帰国直前、モンテッソーリは「認定モンテッソーリ協会の結成のための一般規則」を起草し、以前からのモンテッソーリ教具の専売権に加えて、モンテッソーリ教師養成の独占化を図った。また、三年間活動してきたアメリカの「モンテッソーリ教育協会」の他に、アメリカでの「モンテッソーリ促進財団」を組織化したが、結果として内部分裂を招いた。また、アメリカ教育界に大きな影響力のあったデューイの後継者でコロンビア大学教育学部のキルパトリック（William H. Kilpatrick, 1871-1965）によって一九一四年に出版された『モンテッソーリ・システムの検討』（*The Montessori System Examined*）におけるモンテッソーリ教育批判もあって、アメリカ合衆国の教師たちの関心が冷め、合衆国でのモンテッソーリ教育運動は衰退した[16]。

第一次世界大戦の時期、モンテッソーリは一九一六年にスペインのバルセロナにおいて国際養成コースを開催し、一九一七年にはオランダのアムステルダムで講演を依頼され、その結果としてオランダ・モンテッソーリ教育協会が設立された。また、大戦が終わった一九一八年の九月にイギリスで国際養成コースを開催し、その後一九二〇年一月にイギリスを去るまでイギリス各地を訪れ、幾つかの都市で講演を行った[17]。

一九二〇年代のモンテッソーリは、スペイン、オランダ、フランス、アルゼンチンなどを訪れ、南アメリカからイタリアに戻る途中にロンドン、ウィーン、ベルリンにも出向いて教師養成や講演を行った。一九二六年には、彼女は国際連盟から講演を依頼されてジュネーブで「教育と平和」という講演を行い、一方でクーデターによって一九二二年にイタリアの政権を握ったファシスト首相ムッソリーニ（Bentio Mussolini, 1883 -1945）と一九二七年三月に会い、彼女の仕事への援助の約束を得た。同年一二月ムッソリーニからモンテッソーリ教育法の教員養成大学の設立案が閣議に出され、一九二九年にはイタリア中で七〇のモンテッソーリ学級が政府によって後援された[18]。

一九二九年八月、モンテッソーリは自ら会長となってベルリンに本部を置く「国際モンテッソーリ協会」を創設し、第一回国際モンテッソーリ会議が一九二九年夏デンマークのヘルシンゲル、第二回がフランス・ニース、第三回はオランダ・アムステルダムで開催された。第四回は、一九三四年にローマで開催されるが、イタリア・ファシズムと対立し、イタリアのモンテッソーリ学校は閉鎖された。ドイツではイタリアと同様に国家全体主義のヒトラー（Adolf Hitler, 1889-1945）が政権を掌握したこともあって、一九三五年以後国際モンテッソーリ協会の本部はベルリンからオランダ・アムステルダムに移された[19]。

一九三六年七月、スペインに内乱が起こり、市民戦争が勃発したので、モンテッソーリは二〇年間も住居を置いていたバルセロナから、第五回国際モンテッソーリ会議が開かれることになっていたオックスフォードに向けてイギリスの戦艦で脱出し、会議後にオランダのアムステルダムに移住した[20]。この会議中、彼女は『子どもの秘密』（*Il segreto dell' infanzia*, 英語版 *The Secret of Childhood* 1936, 独訳版 *Kinder sind anders* 1952）を出版し、翌一九三七年八月にデンマーク・コペンハーゲンで第六回国際モンテッソーリ会議を、一九三八年夏には第七回国際モンテッソーリ会議をイギリス・エジンバラで開いたが、翌一九三九年戦雲不穏なヨーロッパのアムステルダムから、モンテッソーリ運動が盛んとなりつつあったインドに赴いたのである[21]。

モンテッソーリは、インド・マドラスのアディアールにモンテッソーリ教師養成コースを開き、翌一九四〇年の夏にはヨーロッパに戻る予定であったが、実際は一九三九年秋の第二次世界大戦の勃発で七年間もインドに滞在することになった。インドでは、各地においてモンテッソーリ教育の普及と活動を指導する一方で、インド独立運動の指導者であったガンジー (Mahatma Gandhi, 1869-1948) やネール (Jawaharlal Nehru, 1889-1964) などと交流し、一九四四年には政府の支援のもとに教師養成コースを開催した[22]。

一九四五年の第二次世界大戦の終結後、モンテッソーリは翌一九四六年七月にオランダに戻り、その年一二月にロンドンでモンテッソーリ教師養成コースを開催し、一九四七年にはイタリア政府の招待で故国に帰って「イタリア・モンテッソーリ協会」やモンテッソーリ学校を再建した。彼女は、一九四七年に新設された国際連合科学教育機構・ユネスコで「教育と平和」と題する講演を行うなかで、ベルリン大学からの教授職就任の要請もあったが、インドのマドラスにモンテッソーリ大学設立の計画があるとのことで、インドに行くことを選んだ。そして、一九四八年にインドのアディアールで養成コースを開き、一九四九年四月には政府招待でパキスタンにも赴き、「モンテッソーリ・パキスタン協会」を設立した。同年五月に、彼女はイタリア・サンレモでの第八回国際モンテッソーリ会議に出席するためアムステルダムに戻り、一二月にはパリでフランス共和国からレジオン・ドヌール勲章を授与され、さらにその年から三年続けてノーベル賞の平和賞候補にも挙げられた[23]。

一九五〇年の初頭、モンテッソーリはスカンジナビア諸国へ講演旅行をし、同年四月アムステルダムで八〇歳を祝う会に出席した。翌一九五一年五月、彼女は第九回国際モンテッソーリ会議をロンドンで開催し、また同年七月から一〇月までオーストリア・インスブルックでモンテッソーリ教師養成コースを開催した。そして、翌一九五二年五月六日、彼女はオランダ・ハーグ近郊の北海に臨む小さい村ノルトヴィェク・アン・ゼー（Nordwijk an Zee）の友人宅で脳溢血により八二歳の生涯を閉じ、当地のカトリック教会の墓地に葬られた[24]。

2　児童観

モンテッソーリは、一八九七年にローマ大学付属病院の精神科助手として、精神発達障害の子どもの治療や教育に従事したことから、彼女の研究の関心は子どもの発達に向けられた。彼女は、一九三六年出版の『子どもの秘密』の冒頭において、ケイ（Ellen K. S. Key, 1849-1926）の一九〇〇年の書『児童の世紀』の一句を引用しながら、一九世紀に続いて二〇世紀における児童研究の重要性を説き、幼児は人間の心の不可解さを解消できる生命の秘密を内に秘めているので、大人社会の問題を解決する手掛かりが児童研究から引き出せると述べている[25]。彼女によれば、子どもの心には未知なものがあり、それはまだ心理学者や教育家によっても観察されていないのに、大人は子どもの心を大人固有の基準によって判断し、子どものなかにある大人の性格と相違するものは欠陥であるとして矯正し、それを子どもの幸せのためと信じているが、実際はそれによって子どもの人格を殺しているのである[26]。

モンテッソーリは、生物学を学んだこともあって、生命体における「胚胎」(Embryo)の概念を、人間の子どもの出生と成長においても展開する。すなわち、植物でも動物でも生命のあるすべての存在は単純な細胞から生まれるのであって、動物の発達段階は細胞の分裂と分化の連続のうちに組織と器官が構成されて有機体ができるのであり、それがこの世界における創造の奇跡なのである[27]。彼女によれば、「胚細胞」(Keimzelle)はどれもそれ自体のなかに「人間の本性的構成計画」(der natürliche Bauplan des Menschen)を持っているのであり、新たに生まれる生命存在はすべて精神に関する本能とその機能を内に持っているのであって、生まれた人間の子どもは単にその動物的機能を受け入れる身体ではなく、むしろ心の指導力を秘めた「精神的な胎児」(der geistiger Embryo)なのである[28]。彼女によれば、「新生児」(Neugeborene)は、誕生前は外の自然界の変化に影響されることなく安静を保たれて成長するが、誕生によって新しい生活に入るという途方もない適応を遂行しなくてはならない存在なのである[29]。

モンテッソーリは、精神の胎児としての新生児は、科学的に言えば無から生まれ出た存在であり、肉体化した精神ではない単なる肉体であって、組織と器官から形成された有機体であると述べている。しかし彼女は、新生児に「受肉」(Fleischwerdung)という観念を、キリスト教的な言い方をすれば「神の精神の託身」(die Inkarnation des göttlichen Geistes)を投影し、精神が身体のなかで肉体となった存在として新生児を捉えている[30]。彼女は、受肉という表現を精神的、身体的な成長の事実において用いており、新生児の体のなかでその意志によって行為する手足や言語の能力が目覚めるという神秘に満ちた現象を受肉と言っているのである[31]。

モンテッソーリによれば、人間の子どもの発達の可能性は動物の子よりずっと緩やかであって、感覚器官は誕生の瞬間から機能するが、運動器官は長いあいだ発達しないままで留まっているのである。それは、人間の精神が深くに眠っているためであり、人間の精神は動物の本能のように最初から規定されて現れないからなのであって、人間は動物のように前もって決められた主要な本能に支配されていないからなのである。彼女は、人間と動物の違いを生産物に喩えて、動物はその特性において同じように作られた大量生産物であるが、人間は自然が造った芸術作品のように誰でもが固有の創造的精神を宿した存在なのである[32]と述べている。

このように、モンテッソーリにおいては、子どもはすでに自主的な心を生まれながらに所有し、実際にその個々の現存のための鍵を自分のなかに最初から持っているのであるが、子どもはその発達にまだ長いあいだ密かに骨折らなくてはならないのであって、大人が不適切な介入をすると子どもの心の活動の構成計画を引き裂き混乱させて誤った道へと導くことになるのである。彼女によれば、大人は子どもを愛情で暖め、子どもの発達を妨げる障害を除去し、子どもの発育を促すために環境を整えなければならないのであり[33]、大人の責任はまさに「あらゆる科学的基盤によって子どもの要求を探求し、子どもに相応しい環境を用意すること」[34]なのである。

ところで、「子どもの心の構成」(der Aufbau der kindlichen Seele) とはどのようなものなのであろうか。その点について、モンテッソーリはその内実の鍵概念として「敏感期」(Empfänglichkeitsperiode) を挙げている。彼女によれば、子どもの内には創造的態度があり、そこには潜在的なエネルギーがあって、それが環境の印象に基づいて心の世界を構成するのである。その内的メカニズムの過程には、心の成長の理解のために寄与する感受性が高まる一定の期間があって、それが特別な感受性に関係することで「一定の能力の習得を可能にすること」(die Erwerbung einer bestimmten Fähigkeit zu ermöglichen) になる敏感期と言われるものなのである[35]。

モンテッソーリによれば、子どもは、その敏感期のなかで自分の能力を習得するのであって、この感受性を基に自分と外界とのあいだの特に強い関連づけを可能にするのであるが、しかし子どもがその内からの指令に従って敏感期に行為する可能性を持たなかったならば、子どもは一定の能力を自分のものにする機会を逃すことになるのである[36]。また、この敏感期の心の情熱は一つが消えるか消えないうちに次の炎が燃えだし、子どもは次々に能力の獲得へと進み、精神的な人間を完成させていくのであって、逆にこの敏感期を脱すると能力の獲得は頭脳の活動や意志によらなくてはならなくなり、子どもは鈍感な疲労状態に陥り、「不機嫌」(Laune)になる。彼女によれば、感受性が子どものなかで輝く敏感期の開始の徴候は、言語の敏感期では「微笑」(Lachen)であり[37]、いわばこの子どもの微笑や不機嫌の感知が敏感期の判断の目印になると言えるのである。

したがって、モンテッソーリにおいては、大人は新生児のうちに実行される心の事実に対して盲目であってはならず、子どもの構成作業を尊重し、そのために必要な手だてを提供しなければならない。子どもは、助けが与えられず、整えられた環境に迎え入れられないと、その心の生活は絶えず危険にさらされることになり、精神的存在としての個人の構成が損なわれるのである[38]。このような子どもの心の構成への配慮や注意は、いわば親や教師たち大人が心得ておかなくてはならない姿勢や態度であって、モンテッソーリにおける教育方法論とともに、教師論としてさらに論及されるべきことである。

以上のようなモンテッソーリの児童観は、彼女の医師の経験と教育実践の観察に裏打ちされた児童観であり、「新生児」が組織と器官から形成された有機的な生物として捉えられる生物学的事実に基づく児童観であるとともに、「神の精神の託身」ないし「受肉」というキリスト教的な観念に基づく児童観とも言える。そして、「精神の胎児」の内実として語られる「敏感期」における「子どもの心の構成」の主体として子どもを捉えている児童観は心理学的児童観であり、またその敏感期の心の構成に教育の目的が想定されている児童観は極めて教育学的であると言えるのである。とりわけ、子どもは潜在的なエネルギーとして創造的精神を宿した存在であり、子どもの内には創造的態度や自主的な心の生活が生まれながらに存在していると考える児童観は、教育における子どもの自発活動性の尊重という近代教育の児童中心主義の根本的思想であり、まさに近代教育の復興である新教育運動の基本的な児童観と言えるのである。

さらに付言すれば、モンテッソーリは、親たちは子どもを保護し、また神聖な課題を負うという言葉の深い意味において子どもを守らなくてはならないと述べ、特に「子どもの権利」(die Rechte des Kindes) を社会問題とし、子どもの権利を承認させる闘いに対処しなくてはならないと論じている。彼女によれば、子どもは社会的に完全で賢明な擁護を与えられなくてはならないのであり、子どもは他でもなく人類そのものを生み出すのであるから、子どもたちの権利を考慮した社会改造が緊急に求められるのである。したがって、子どもの権利が忘れられ無視されていること、子どもを死に至らしめるほど虐待すること、さらに子どもの価値や能力とその本性を見損なうこと、これらのすべてを人類は真剣に意識しなければならないのである[39]。このように、子どもの権利を要求しているモンテッソーリの児童観は、今日的な意味を持つ児童観とも言えるのである。

3　教育の意味論と目的論

これまでモンテッソーリにおいて教育の基底となる児童観について論述してきたが、続けて彼女の教育の意味論や目的論について論及することにしよう。前述のように、モンテッソーリの教育実践は、精神発達障害の子どもの治療と教育から始まり、その教育方法をローマのスラム街の「子どもの家」において、貧しいが健常の子どもたちに応用するなかで成果を上げた。すなわち、彼女の教育論の出発点は教育の方法論であり、まさにその経験からの著作が『子どもの家における幼児に適用された科学的教育の方法』であって、彼女は同書の教育法によって、教育家として評価され、名を上げたと言えるのである。したがって、モンテッソーリの教育思想の要は教育方法論にあって、また教育の意味論や目的論を直接的に表題とする彼女の論著もないことから、これまで彼女の児童観を論究してきた『子どもの秘密』や他の著書において見られる教育の意味や目的に関する叙述から検討しよう。

モンテッソーリの児童観においては、子どもの内には創造的態度があり、潜在的なエネルギーがあって、それが環境の印象に基づいて心の世界を構成するという、子どもの自己活動である心の構成を助けること、つまり「子どもの心の発達の援助」(die Unterstützung der seelischen Entwicklung des Kindes)が、モンテッソーリにおける教育の意味なのである[40]。また、彼女によれば「真の新しい教育は、第一に子どもを発見すること、さらに子どもを自由にすることのなかに存立する」[41]のである。

このような教育の意味を窺い知る表現は、すでに一九〇九年の主著『子どもの発見』や一九二三年の著作『家族における子ども』(*The Child in the Family*)においても述べられている。すなわち、『子どもの発見』においては、モンテッソーリは「子どもは、成長する身体と発達する精神を持っている」ので、「教育とは、すなわち、生命の正常な伸展のために要求される積極的な援助である」[42]と述べている。また、『家族における子ども』では、「子どもは自分自身を表現する方法においても生命を吹き込まれているので、……子どもは自分自身を形作らなくてはならない」[43]と述べられていて、まさに子ども自身の自己形成が教育を意味すると考えられるのである。そのために、教育者の必要な行動は子どもの創造を助けることであり、教育者の第一の責務は幼い存在の人格を認め、人格を尊重することである[44]と述べている。

一方、モンテッソーリは一九四九年の著作『吸収する心』(*The Absorbent Mind*)——本論使用独訳書『創造的子ども』(*Das kreative Kind*)において、教育の目的を「生活のための教育」(die Erziehung für das Leben)と述べている。すなわち、教育にとって人間の生活の認識が出発点でなければならず、その観察と研究の対象は新生児であり、新生児の生を助けようとする第一の前提は新生児の生の法則をよく知ることであると、教育の課題を述べている[45]。そして、教育は誕生の際から始まり、いかなる暴力からも自由である平和革命を準備するなかで、すべての者を共通の目的に統合することを目標とし、教育が生活の援助である意味を最終的に広く社会と世界の平和に置いているのである(46)。この論述は、第二次世界大戦後の間もない時期のモンテッソーリの著作であるが、彼女は戦前から国際会議や国際モンテッソーリ大会の講演においてしばしば平和と教育の関係について語っているのである。そこで、彼女の平和論と教育との関係に言及することによって、さらに彼女における教育の意味と目的について明らかにしよう。

モンテッソーリは一九三二年、ジュネーブの国際教育研究所の依頼によって「平和と教育」(*Peace and Education*)という講演を行った。同講演における彼女によれば、平和という言葉は一般には戦争の停止を意味するが、それは真の平和ではない消極的な概念であり、また戦争目的の勝利に平和があるのではなく、本当の平和は我々の思想を正義の勝利や人々の間の愛に向かわせることなのである(47)。他方で、戦争は兵器が原因なのでなく、人が原因なのであって、人間が健全な魂を持ち強い性格と明晰な知性を発達させて成長しているなら、生命を育てることと殺すことという反対の道徳的原理を許容できず、戦争より他の解決法を見つけ出すために知性と祖先が獲得してきた勝利を活用するであろうし、自らの手から武器を捨て去ることで人間の運命を選択すると、モンテッソーリは言うのである。つまり、彼女においては、世界の平和は「新しい人間、より善い人間」(a new man, a better man)、すなわち教育される子ども「新しい子ども」(the new child)によって達成されると考えられているのである(48)。

モンテッソーリは、一九三六年九月のブリュッセルで開かれたヨーロッパ平和会議でも「平和のために」(*For Peace*)ついて語り、第一次世界大戦の経験からヨーロッパは戦争によって何らの利益も得なかったことを学んだのであって、戦争の結果から敗戦国への支援をはじめ世界が一つの国家や組織体として、「一つの有機体としての人類」(humanity as an organism)という大きな国の市民を持つに至ったと述べ、平和を築く教育は人類のすべての努力を必要とする仕事であり、人間性の内面的発達の機会を与え、人類の使命と社会生活の今日の条件に関する人類の改革を目的としなくてはならないと述べている[49]。そして、モンテッソーリにおいては、以上のような第一次世界大戦後に組織された国際連盟の共通の目標へとすべての国の人間を導くことが、これまで認められず使われたこともなかった子どもの能力や感受性と建設的な本能に関係する人間性の教育において考えられていて、とりわけ子どもの社会的な権利を十分に認め、子どもや青年の精神的な発達の持続を可能とする世界を彼らに準備することが教育の目的と考えられているのである[50]。

同じように、モンテッソーリは、翌一九三七年五月にデンマーク・コペンハーゲンでの講演「平和のための教育」(*Education for Peace*)において、第二次世界大戦が迫りつつあるという特別な世界情勢下のためか、「教育は平和のための最善の武器」(education is the best weapon for peace)と主張し、教育が表象する「平和のための備え」を信じない限り、戦争は一つから他へと続き、人々の幸福や繁栄はないであろうと述べるとともに、戦争を欲する者が青年たちを戦争のために組織しているのに、平和を望む者が幼子や青年を無視し、平和のために彼らを組織していないと述べている。そして、子どもは人間としての価値を導く精神的な胎児であって、より望ましい発達の能力を宿す胎児や子どもたちを最高に価値のある宝として考慮するならば、人類の偉大なことに導くであろうと、彼女は子どもを平和へと教育することを説いているのである[51]。

このような教育を平和への方法とする論調は、一九三七年八月のコペンハーゲンでの第六回国際モンテッソーリ大会においても陳述され、その第二講演において展開されている。すなわち、彼女によれば、平和目的の推進を要求される教育、平和のための真の教育は、全般的に教育が基本的で不可欠な要因と考えられなくてはならないし、すべて人類の決定的な利益の問題と考えられなくてはならないのである。まさに、教育の世界平和の達成に持ち得る影響を考えると、子どもとその教育が極めて重要なことなのである。したがって、モンテッソーリによれば、人類すべてに関わる子どもとその教育の問題は、もはや子どもたちを教えることだけと考えられてはならないし、むしろ社会的な問題と考えられなくてはならないのであって、平和な社会や世界を築く第一歩として、子どもたちの正常な発達を可能とする世界が構築されなくてはならないのである[52]。

さらに、モンテッソーリは、第二次世界大戦前の最後の平和教育論を、一九三九年七月のロンドンの世界宗教友好協会で講演している。すなわち、宗教会議ということもあって、彼女は子どもは創造主の最も明らかな作品で、世界で最も力強い存在であるから、平和の生き生きとした可能性を代表する人間である子どもたちを平和の道を求める際にその焦点におかなくてはならないと述べている。なぜなら、子どもの誕生が親たちの愛や善と美を覚醒し、また子どもの成長は人格や人間性の法則へと連なるものであり、子ども自身にも敏感な正義の感受性や知的能力が備わっているので、子どもはあちこちでこの世界を向上させてくれるからなのである(53)。

かくして、モンテッソーリにおいては、子どもは精神的胎児であり、成長する身体と発達する精神を持つ存在であって、教育とはそうした子どもの生命の正常な伸展のために必要な積極的な援助を意味し、また子どもの発達の援助それ自体が教育の目的であると考えられるのである。このようなモンテッソーリの教育の意味論ないし教育目的論は、子ども自身の活動であるより善い経験を連続的に再構成する過程そのものを教育の目的と考えるデューイの教育目的論と同類の目的論であると言える。しかし、モンテッソーリにおいては、その教育活動が二つの大戦を挟む前後の時期であり、子どもの成長発達の必要条件としての環境や世界が戦争という最悪条件にあったことから、平和が問題視され、平和のための教育という意味が付加されているのである。

4　教育方法の原理

モンテッソーリの教育法は、通称「モンテッソーリ法」(Montessori Method) と言われるが、それは広く読まれた一九一二年の英訳書の表題からそう称されているのであり、原著名は前述した一九〇九年初版の『子どもの家における幼児に適用された科学的教育の方法』であって、同書にはモンテッソーリが一九四八年版の序文でも述べているように、彼女の教育方法の原理が述べられている。そこで、以下にモンテッソーリの教育方法を、特に教授論のような具体的な授業方法ではなく、モンテッソーリ教育における方法原理に焦点を当てて論及することにしよう。

まず、モンテッソーリの教育が実践された「子どもの家」について、前書の「健常児の科学的教育のための発見史」という項目で、「子どもの家」の開設の経緯を彼女は次のように述べている。すなわち、一九〇六年の暮れに、彼女はローマの優良建物協会の会長から共同住宅において幼児学校の組織化を引き受けることを要請された。会長の希望は、ローマの貧民街のサン・ロレンツォ地区の住宅の改造であり、同時に共同住宅内に設けた「屋内学校」に就学前の三歳から六歳の子どもたちを集めて教育するというものであった。そして、それから間もない一九〇七年一月六日に、最初の学校が「子どもの家」と命名されて、サン・ロレンツォ地区マルスィ街五八番地の大きな共同住宅のなかに開設された[54]。

モンテッソーリ教育は、彼女が「子どもの家」において二年間に亘って実践した教育であるが、それを彼女は新しい方法によって行った一連の実験の結果であると述べている[55]。モンテッソーリが「子どもの家」の教育において行った新しい方法とは、彼女が同書においてしばしば「科学的教育」(scientific education) という言葉を使って述べていることから、いわば科学的な教育方法と言える。すなわち、彼女は教育の科学的体系を発展させるためには、これまでの方法と違った道を進まなくてはならないと述べ、そのための根本的な条件として、子どもが自分の個人的な生活を自由に展開することが許される学校でなければならないと述べている[56]。そして、彼女は「子どもの家」を任されたとき、その教育を科学的な研究で行うことにしたと述べ、さらに科学的研究とは、実験心理学の創始者ヴント (Wilhelm Max Wundt, 1832-1920) の格言「注意深く記録された観察」に従って子どもの発達を観察して研究することであると述べている[57]。すなわち、モンテッソーリの教育の方法原理の前提は科学的方法であり、科学の研究方法である観察や実験を採り入れた教育実践のなかで生み出されてきた原理なのである。

モンテッソーリにおいて考えられる教育方法の原理の第一は、自由ないし自発活動性の原理と言えるものである。彼女は、教育が科学的であるためには学校が子どもの活動を自由に発展させることを認めることが肝要であると述べ[58]、子どもが自由を獲得することを援助することと同時に、子どもの自発的な表明を制限する拘束から子どもを自由にすることを目的としなくてはならないと述べている[59]。この自由は、前述したように、モンテッソーリにおいては教育目的が子どもの発達であることから、子どもが発達することへの自由であり、活動の自由こそ子どもの身体的、精神的な発達の条件なのであって、子どもの生命活動を自由にすることで子どもの正常な発達を促進することなのである[60]。これらのモンテッソーリの言葉には、子どもが正常に成長するための潜在エネルギーである自発活動性の自由の尊重が窺えるのであって、それは彼女の教育方法としての自発活動性の原理と解釈できるのである。

モンテッソーリは、科学的教育研究の方法の基礎条件として、子どもを観察する際に、子どもたちの自発的な行動が許されない環境では子どもたちの特性が隠されるので、彼ら自身を自由に表現する環境が必要であると考え、「子どもの家」では机や椅子をはじめ教室のありとあらゆる備品を子どもたちの身体のサイズに合わせて整えている[61]。彼女によれば、環境は子どもが興味のある対象を追求でき、秩序よく活動が達成されるように適切なものが造られなくてはならないのであり、子どもがその欲求や性向によって気に入るように自由に選び使うことができる対象のすべてを含むものでなくてはならないのであって、そうすることによって子どもは教育的な活動を深めることができるのである[62]。また、モンテッソーリによれば、子どもは明確で本当の自由な自己を表明することで彼自身の本性を表すことができるので、そのような方法で子どもを自立の道へと進めるのを助けることで、つまり子どもが他者の援助無しに自分の努力によって自分の要求を満足できるように教えることで、教育を効果的なものとすることができるのである[63]。

さて、次のモンテッソーリにおける教育方法の原理は、社会ないし共同体の原理と言えるものである。モンテッソーリは、一九四六年一二月にロンドンで開催されたモンテッソーリ教師養成コースにおける講演で、社会や社会的教育について論じている。まず、彼女は人間は社会生活なしには発達することができず、教育や道徳教育は社会なしに考えることができないので、社会のなかで個人を位置づけて見なければならないと述べている[64]。また、彼女によれば、社会を形成する要素や基礎は個人と同情や愛であり、これらの社会の要素は子どもの発達の自然的な現象であり、また子どもを発達させる要素でもある。そして、それらは七歳の子どもたちにも発達させることができるし、また発達させなくてはならない要素なのである[65]。

ところで、社会生活は至る所にあって、学校も社会の一つであり、その適応は必ずしも易しくはないが、子どもたちは天性の社会感覚を持っているので、彼らに個人間の協同や同情などのコミュニケーションを自然に取らせることは容易なことである[66]と、彼女は述べている。そうした子どもの協力や相互援助の形態を「結合による社会」(society by cohesion) とモンテッソーリは呼び、それが幼児たちの特性であり、そうした愛や同情や相互援助などは教師の助けなしに自然的に生じる驚くべき活動や規律であると述べている[67]。

このような子どもの持つ社会感覚の発露は、一九四九年の著作『吸収する心』・一九七二年の独訳書『創造的子ども』の論述によれば、モンテッソーリ学校でのクラスの「縦割り編成」(vertikale Gliederung) において発揮される。すなわち、モンテッソーリによれば、年齢の違う子どもたちのクラスでは、年長の子は年少の子を教えたり助けたりして自分が年少の子の保護者と感じ、その結果年少の子は年長の子を自然に敬うことになるのである。そのような子どもたちの相互の振る舞いが精神的な力の交換によって正常なものを生みだし、子どもたちには「親愛」(Brüderlichkeit)の明らかな形が存在し、その気高い感性に基づいて「集団における統一」(das Einheit in der Gruppe)が創造される(68)と、彼女は述べている。

この集団における統一は、いわば子どもの共同体であって、学校社会のなかでの小社会であり、モンテッソーリの学校では縦割り編成クラスのなかで、具体的には教材が子どもたちの共同性や社会性の発露と形成を助けている。すなわち、教室には教材が一組しかなく、子どもは他の子どもが使用している教材を使いたければ、その子が使い終わってそれをその元あった所に戻すまで待っていなくてならないのであって、その際に子どもは他者に対する尊重と忍耐を訓練することになるのである(69)。まさに、モンテッソーリ学校においては、子どもたちの結合には、彼らの目的のための活動があり、その活動の作業が協同を必要とするときに彼らは集団で作業し、何かを行うときは協同するのであって、子どもたちはそうしたことから、素晴らしい秩序と自発的な規律を生じさせるのである(70)。

さらに、モンテッソーリ教育においては、「教材」(material)は「教具」と呼ばれ、教具の使用は幼稚園や保育園で言われるように「作業」(work)と言い、またその教具での作業における子どもの没頭を「集中」(concentration)と呼び、モンテッソーリ教育における特徴として捉えることができる。すなわち、モンテッソーリによれば、作業での同じ課題を正確に注意深く何回も繰り返す「集中」が子どもを本当に変え、子どものいけない点を消し、新しい人格を創造するのであって、それを彼女は「正常化」(normalization)と呼んでいるのである[71]。この作業を通じての正常化は、社会性や共同性が形成された結果であって、モンテッソーリにおける教育方法の原理の成果と言えるのである。ちなみに、この教具はセガンとイタールが精神薄弱児の教育で使った教材をモンテッソーリが改良したもので「感覚教具」(sensorial material)と呼ばれ、また作業は感覚の訓練を目的とし、感覚を鋭敏にすることによって知覚の範囲を広め、知的成長を確実に基礎づけるのである。これが彼女の教育方法そのものであって、モンテッソーリ教育を広く世界に知らしめたものなのである[72]。

5　教師論

モンテッソーリにおける教師論は、一九〇九年の『子どもの家における幼児に適用された科学的教育の方法』の改題である一九四八年出版の英訳『子どもの発見』において述べられている。モンテッソーリは、独特の教育である彼女のモンテッソーリ教育のための教師論を、前述した教材・教具の使用法との関連で展開している。すなわち、モンテッソーリ教育における教師は、様々な教具によって形や色のような事物の特性に関する知識を子どもに与えることを目的とするのではなく、また子どもが教具を正しく使うことを訓練することも教師の目的ではないのである。むしろ、子どもが自分で使う対象物の教具を望むままに選び、自分の欲求や興味に従ってそれらと活動・作業をするように、子ども自身を助けることが教師の課題なのである。しかし、そのために教師には行うべき難しい役割があり、賢明さや用心深さと気配りが必要なのであり、また教師には「落ち着き」(tranquility) と「忍耐」(patience) や「慈愛」(charity) と「謙遜」(humility) が徳として備わっていなくてはならないのである(73)。

モンテッソーリ教育における教師は、子どもの発達の手段である教具と子どものあいだを繋いで関連づけることを中心とし、個々の子どもが教具を理解して強い関心を持つような方法で選び、彼らに提示することができなくてはならないのである。そのために、教師は教具についてよく理解していなくてはならず、子どもが効果的に導かれるための教具の提示の仕方や、子どもの対応についての技術や知識を習得しなければならないのである(74)。このような教師の要件として、モンテッソーリは「教具の知識」(knowlege of the material) に関し、子ども同様に教師も練習を繰り返すこと、また子どもが落ち着いて活動・作業をすることができるような「秩序の維持」(maintenance of order) や子どもが集中できるように見守る「仕上げ」(perfecting) を挙げている(75)。

また、モンテッソーリは授業の過程で教師が行わなければならないことを、一九四九年出版の『吸収する心』・一九七二年の独訳『創造的子ども』において、次の三つの段階にまとめている。すなわち、教師はまず子どもたちが落ち着くような環境の整備に努め、教具を整えるとともに、教師自身も上品で威厳のある身のこなしや動きをすることが第一段階として必要であり、そうした教師の姿が子どもの信頼と尊敬を得ることができるのである。また、第二の段階として、教師は子どもが教具に集中する前は、子どもに話し掛けたり、一緒に歌をうたい、ゲームなどをすることで子どもを活気づけることが必要なのである。第三段階としては、子どもに日常的な生活の作業や活動をさせるなかで子どもが集中することを練習させ、子どもがあることに関心を示し集中するようになったら、教師は介入しないようにすることなのである。彼女によれば、子どもが教具に集中するようになったときに、教師が最も気をつけ、行ってはならないことは介入である。すなわち、子どもの集中活動を中断するような誉め言葉をはじめ、子どもの教具の操作や作業を手伝ったりしてはならないのであって、教師はただ子どもの集中活動を見守り、その活動を認めるだけでよいのである[76]。

さらに、モンテッソーリによれば、教師が注意しなくてはならないことは、子どもの理解の道を遮断することになる「怒り」(Zorn) である[77]。怒りは、根本的な誤りであり、子どもを教育しようとする教師やすべての者が解放されなくてはならない欠点だらけの状態なのであって、子どもに向かって怒ることは子どもの反抗や不従順や不信感を生むか、黙従を強いるしかないからである。したがって、モンテッソーリが教師に望むことは「自省」(Selbstprüfung) と「暴君の断念」(Verzicht auf die Tyrannei) から生まれる「謙遜」(Demut) という行為であり、同時に教師が忘れてはならないこととして、教師の使命は子どもを教育することにあり、自分が教師であるということなのである(78)。まさに、モンテッソーリにおいては、教師は子どもの精神に子ども自らが発達するための機会と優先権を与えなければならないのであり、子どもがそれまでの精神生活の発展で習慣づけた防御反応や一般的に劣った特性を考慮し、子ども自身をそれから自由にさせなければならないのであって、教師の職務の遂行は子どもが完全に至るまでの方法を指し示すことなのである(79)。

このようなモンテッソーリにおける教師論は、教師は「落ち着き」と「忍耐」や「慈愛」と「謙遜」を徳として備えていなくてはならないという一般的な教師論であり、また教師は知識を子どもに与えることが問題ではないというルソー（Jean J. Rousseau, 1712-1778）以来の児童中心主義の系統を受け継いでいる。そして、モンテッソーリにおいては子どもが教具を正しく使うことを訓練することも教師の目的ではなく、それどころか子どもが自分で使う対象物の教具を望むままに選び、自分の欲求や興味に従ってそれらと活動・作業をするように子ども自身を助けることを教師の課題としていて、児童中心主義を一層徹底した教師論と言えるのである。彼女の目標とする教師像は、いわゆる「モンテッソーリ教師」と言われるモンテッソーリ教育固有の教師である。すなわち、前述したようにセガンとイタールが精神遅滞児の教育で使用した教材をモンテッソーリが改良して作成した、通称「モンテッソーリ教具」の教授法に精通した教師でなくてはならないのである。

このような「モンテッソーリ教師」は前述した「モンテッソーリ教師養成コース」で養成されるが、

その養成資格をモンテッソーリ自身が独占することによって彼女の教育法の純粋性が保たれたが、一方でその教育法を普及して一般的な教育法とする意味では閉鎖的であり、極めて限られているとの批判を招いてきた。また、「モンテッソーリ教具」もモンテッソーリとその後継者やエージェントの専売特許とされてきていて、それも極めて高値に商品化されているのである。このような事情から、モンテッソーリ教育は教条化され、その崇拝的なモンテッソーリ主義者はモンテッソーリ教徒とまで言われるような宗教的集団とさえ見なされたりしてきた。しかしながら、教育史上の評価は、次に論及するように多様である。

6　評　価

モンテッソーリの児童観とその教育目的と教育方法について明らかにしてきたが、終わりに教育史ないし教育学上の彼女の教育思想と教育事業についての評価を総括として論及しよう。モンテッソーリが教育活動を開始したのが一九〇〇年早々であるが、彼女が世界的に評価を得るようになるのは最初の著書を公にした一九〇九年以降である。したがって、教育史上の論評も早くは同時代の教育学者ないし教育家のもので、その代表的なものは当時アメリカ合衆国の新進教育学者であったキルパトリックの一九一四年の著作『モンテッソーリ・システムの検討』における論評である。

キルパトリックは、同書においてモンテッソーリ教育を詳細に検討するなかで、モンテッソーリ教育の批判に多くの紙数を割いているが、その結論部分でモンテッソーリの評価をしている。すなわち、彼女の提唱する自己発展の教育原理は同時代のデューイが強調する教育原理と同様な原理であって、ことさら新しくもないとしながらも、彼女が教育において貢献したことは教育における伝統的実践から離れて科学的な教育概念を説くことで幼稚園や小学校の教育に刺激を与えたことであり、その教育実践において自然科学的概念と自由を主張し、「子どもの家」を創設したことが最大の功績であると述べている[80]。

一方、イギリスの著名な哲学者ラッセル (Bertrand A. W. Russell, 1872-1970) は、一九二六年の教育論『教育について—特に幼児期における—』(*On Education, Especially in Early Childhood*) において、しばしばモンテッソーリ教育について論評している。すなわち、ラッセルは、モンテッソーリが子どもの本性は悪でも善でもなく、むしろ子どもが持つ衝動をどのように望ましい方向へ導くかどうかによって決定し、また道徳や正しい規律を外から強制するのではなく、望ましくない活動をより望ましい活動へと導く自発的な心の習慣の形成に教育の方向があるという考えに基づき、教育において具体化する技術的な方法を発見したことは、賞讃に値する大きな成果であると評価している[81]。

また、ラッセルは、自分の娘と息子を当時イギリスに設立されたモンテッソーリ主義の学校に入学させた経験から、モンテッソーリ学校の教育を次のように評価している。すなわち、「モンテッソーリの学校では規則がゲームの規則のように楽しみの手段であったので、……外から強制されたという感情を全然持っていなかった。……子どもたちが、彼らの好むことを行っているとき、外からの規律は何の根拠もない幾つかの簡単な規則――どの子も他の子どもの邪魔をしない、一度に一種類以上の道具を使ってはいけない――は、簡単に理解され当然のことであると感じられるので、それらの規則を守らせるのに困難はない。そのようにして、子どもは良い習慣から成り立つ自己規律を習得し、具体的な行いにおいて、時には衝動をおさえ、それがある最終的な目的を獲得するために価値があるということを習得する。誰もがこの自己規律の獲得はゲームで容易であることを知っていたが、しかし知識の習得を同じように面白くすることが十分にできるとは想像しなかった。私たちは、今ではこうしたことが可能であることを知っているし、またそれが幼児教育だけではなく、あらゆる段階においても行われ得るであろうことを知っている」[82]と、ラッセルはモンテッソーリ主義の学校を高く評価しているのである。

その後、第二次世界大戦後になるが、イギリスの教育学者でグラスゴー大学教授ラスク（Robert R. Rusk, 1879-1972）は、一九三三年の著作『幼児教育の歴史』(*A History of Infant Education*)で、モンテッソーリが伝統的な学校教育に対して、実験という科学的精神による教育の実践と「子どもの家」という施設を創設した努力と成果を評価しない者は誰もいないであろうと、彼女の業績を述べている[83]。また、ドイツのキール大学の教育学教授ブレットナー（Fritz Blättner, 1891-1981）は、一九五一年の著作『教育学の歴史』(*Geschichte der Pädagogik*) において、モンテッソーリの歴史的な功績は、子どもの生命を窒息させる国家や教会と学問や経済などの社会的な重圧がある時代に、子どもの権利を主張したことであると評価している[84]。さらに、一九五八年にドイツ・エッセン教育大学の学長ヘルミング (Helene Helming, 1888-1977) は、その著作『モンテッソーリ教育学』(*Montessori-Pädagogik*) で、モンテッソーリの立場を教育学の歴史において定義するのはまだ余りに早いとしながらも、彼女の功績は教育学的に子どもの現実性に対応したことと、「子どもの家」や学校の配置設計図を考案し、新しい教育学によって必要とされた子どもの独創力と自己活動を取り込む一つの方法を可能にしたことである[85]と述べ、彼女が科学的観察に基づく経験から創設した「子どもの家」と学校に意義を認めているのである。

他方、日本の教育史上では、篠原助市が一九五〇年出版の『欧州教育思想史』下巻において、モンテッソーリは感覚訓練の方法のために教具を考案し、児童の発達に応じて教具を与えてその活動衝動を刺激する方法・モンテッソーリ教育法によって世界的に有名となったと評し、児童が自発的に成果を得る彼女の教育法を評価するが、一方でモンテッソーリ教育はフレーベル (Friedrich W. A. Fröbel, 1782-1852) の思想に比べると想像的、構成的活動が希薄で形式的であると批判している[86]。また、長尾十三二は、一九世紀から二〇世紀初頭にかけての教育改革の理論と実践において、「モンテッソーリの科学的新教育運動などが重要である」[87]と評価し、モンテッソーリ教育はカトリック教会の支援もあって、その国際的影響力が現在もなお大きいと述べている[88]。その他でも、モンテッソーリの教育法は、アメリカ、イギリス、ドイツ、オランダ、日本に急速に普及し、半世紀を経て国際的に再認識され、今日でもその教育法の普及と研究の活動が積極的に続けられていると、論評されている[89]。

以上のような同時代人によるモンテッソーリの評価から、今日に至るまでの教育史上の様々な評価を結論としてまとめてみると、次のように言うことができる。すなわち、モンテッソーリの提唱する自己発展の教育理論はペスタロッチ (Johann H. Pestalozzi, 1746-1827) の教育原理が基礎となっていて、その教育思想はルソーの教育思想に淵源がある。また、その特徴としてはルソーの教育思想の実践家であったペスタロッチやフレーベルに継承されたいわゆる「児童中心主義」という近代教育の思潮を受け継いでいると言えるのである。そして、彼女の教育の思想と理論は、教育思想史的に言えばルソー、ペスタロッチ、フレーベルの近代教育の思想を再興した「新教育運動」の系譜に位置づけられるのである。

註

(一) Edwin M. Standing, *Maria Montessori ; Her Life and Work*, Hollis and Carter, New York 1957, p.21f., Rita Kramer, *Maria Montessori ; A Biography*, G.P.Putnam's Sons, New York 1976, p.21.

（2）R. Kramer, *Maria Montessori*, p.22, p.25ff., p.31, p.33.

（3）E. Standing, *Maria Montessori*, p.23, p.27., R. Kramer, *Maria Montessori*, p.33f., p.48.

（4）R. Kramer, *Maria Montessori*, p.52, E. Standing, *Maria Montessori*, p.27.

（5）E. Standing, *Maria Montessori*, p.27ff., R. Kramer, *Maria Montessori*, p.73f..

（6）cf., R. Kramer, *Maria Montessori*, p.85ff., p.103, p.91f., p.94f..

（7）ibid., p.96f..

（8）cf., E. Standing, *Maria Montessori*, p.36f., R. Kramer, *Maria Montessori*, p.112, p.116, p.120.

（9）cf., R. Kramer, *Maria Montessori*, p.124f., p.128, p.132.

（10）ibid., p.134f., p.137.

（11）E. Standing, *Maria Montessori*, p.58., R.Kramer, *Maria Montessori*, p.147f., p.155.

（12）R. Kramer, *Maria Montessori*, p.148., E.Standing, *Maria Montessori*, p.61.

（13）cf., R. Kramer, *Maria Montessori*, p.155, p.172, p.180, p.186., E.Standing, *Maria Montessori*, p.62f..

（14）E.Standing, *Maria Montessori*, p.63., R. Kramer, *Maria Montessori*, p.194f., p.201f..

（15）R. Kramer, *Maria Montessori*, p.209, p.204, p.212f., p.220f..

（16）R. Kramer, *Maria Montessori*, p.224ff., p.227f., Helmut Heiland, *Maria Montessori*, Rowohlt, Hamburg 1991, 2003, 9 Aufl., S.73.

（17）cf., R. Kramer, *Maria Montessori*, p.248, p.251f., p.254, p.256, p.265.

（18）ibid., *Maria Montessori*, p.299, p.301ff..

（19）R.Kramer, *Maria Montessori*, p.305f., Helmut Heiland, *Maria Montessori*, S.79.

（20）R. Kramer, *Maria Montessori*, p.333.

(21) ibid., p334, p.337, p.339ff..
(22) ibid., p.341, p.346f., p.348.
(23) cf., ibid., p.348, p.352f., p.358, p.354f., p.360.
(24) ibid., p.361, p.363, p.367.
(25) Maria Montessori, *Kinder sind anders*, Aus den Italienischen von Percy Eckstein und Ulrich Weber, Bearbeitet von Helene Helming, Klett-Cotta, München 1987, 1992 7 Aufl., S.15f..
(26) ibid., S.22f..
(27) ibid., S.24f..
(28) ibid., S.26f..
(29) ibid., S.29.
(30) ibid., S.38.
(31) ibid., S.39.
(32) ibid., S.39ff..
(33) cf., ibid., S.44ff..
(34) ibid., S.46.
(35) ibid., S.46f..
(36) ibid., S.49.
(37) cf., ibid., S.50, S.52f..
(38) ibid., S.55f..
(39) ibid., S.212.

(40) ibid., S.38.
(41) ibid., S.116.
(42) Maria Montessori, *The Discovery of the Child*, Translated by M. Joseph Costelloe, Clio Press, Oxford 1997, p.63.
(43) Maria Montessori, *The Child in the Family*, Translated by Nancy Rockmore Cirillo, Clio Press, Oxford 1989, p.19.
(44) ibid., p.20.
(45) Maria Montessori, *Das kreative Kind*, Herausgegeben und eingeleitet von Paul Oswald und Günter Schulz-Benesch, Herder, Freiburg 1972, S.8, S.11.
(46) ibid., S.15.
(47) Maria Montessori, *Education and Peace*, Translated by Helen R.Lane, Clio Press, Oxford 1992, p.6ff..
(48) ibid., S.20ff..
(49) ibid., p.24f..
(50) cf., ibid., p.27.
(51) ibid., p.28ff..
(52) cf., ibid., p.48, p.53.
(53) ibid., p.118f..
(54) Maria Montessori, *The Discovery of the Child*, p.36f..
(55) ibid., p.39.
(56) ibid., p.21f..
(57) ibid., p.43f..
(58) ibid., p.11.

(59) ibid., p.57.
(60) cf., ibid., p.63.
(61) ibid., p.48.
(62) ibid., p.64f..
(63) cf., ibid., p.57ff..
(64) cf., Maria Montessori, *The Child, Society and the World: Unpublished Speeches and Writings*, Translated by Caroline Juler and Heather Yesson, Clio Press, Oxford 1989, p.73, p.75.
(65) ibid., p.27.
(66) ibid., p.22.
(67) cf., ibid., p.22, p.27.
(68) Vgl., Maria Montessori, *Das kreative Kind*, S.202ff., S.205, S.208.
(69) Maria Montessori, *The Child, Society and the World : Unpublished Speeches and Writings*, p.23.
(70) cf., ibid., p.24, p23.
(71) ibid., p.80.
(72) cf., Maria Montessori, *The Discovery of the Child*, p.101f..
(73) ibid., p.150f..
(74) ibid., p.151f..
(75) ibid., p.152f..
(76) Maria Montessori, *Das kreative Kind*, S.250ff.. 独語訳書では、教師は「女性教師」(Lehrerin) となっている。
(77) Maria Montessori, *Kinder sind anders*, S.153.

(78) ibid., S.155ff..
(79) Maria Montessori, *Das kreative Kind*, S.238.
(80) William Heard Kilpatrick, *The Montessori System Examined*, Houghton Mifflin, Boston 1914, Arno and the New York Times, New York ript.1971, p.66f..
(81) Bertrand Russell, *On Education*, George Allen and Unwin, London 1926, 12.ed., 1957, p.30.
(82) ibid., p.29f..
(83) Robert Robertson Rusk, *A History of Infant Education*, University of London, London 1933, 2.ed. 1951, p.69.
(84) Fritz Blättner, *Geschichte der Pädagogik*, Quelle und Meyer, Heidelberg 1951, 1958 4 Aufl., S.221.
(85) Helene Helming, *Montessori-Pädagogik*, Herder, Freiburg 1958, 1971 5 Aufl., S.8f..
(86) 篠原助市著『欧州教育思想史』下巻、一九五〇年創元社、一九五六年改版相模書房出版部、二六頁〜二七頁。
(87) 長尾十三二著『西洋教育史』東京大学出版会、一九七八年、一九九四年二版二刷、二二三頁。
(88) 同前書、三五四頁。
(89) 江藤恭二、木下法也、渡部晶編著『西洋近代教育史』学文社、一九七九年、一九九〇年六版、二三五頁〜二三六頁。

第四章　ナジェジュダ・クルプスカヤ

1　生涯

旧ソビエト社会主義共和国（現ロシア）連邦の教育の確立に尽くした（Nadezhda Konstantinovna Krupskaya）は、周知のようにレーニン（Vladimir I. Lenin, 1870-1924）夫人であるが、彼女は旧ソビエト連邦の教育改革に尽力した教育家であり、一八六九年二月二六日ペテルブルク（Peterburg）で生まれた。父親は軍人であったが、革命的知識人たちと交流があり、ナロードニキ（narodniki）・人民主義者の組織「土地と自由」に加盟していた進歩的な思想の持ち主で、ポーランド在任時はポーランド人やユダヤ人を専制的ツァーリ体制の迫害から護った人物であり、そのために職を失って転職のため家族とともに各地に移り住んだが、晩年はペテルブルクに戻った。人種や職業で人を差別しないその父親の思想や行動は、少女期のクルプスカヤに強い影響を与えた[1]。

一八七九年、一〇歳のクルプスカヤはペテルブルクの官立の学校に入学したが、一八八一年父親の考えで進歩的な教師の多い私立のオボレンスカヤ女子中学校に転校した。彼女が一四歳のとき、父親が肺結核で亡くなり、彼女はアルバイトの家庭教師をしながら同校を主席で卒業し、さらに家庭教師の資格が得られる一年間の師範科を修了した。一八八九年、ペテルブルクのベストゥジェフの女子高等専門学校の数学科に入学するが二ヶ月余りで退学し、オボレンスカヤ女子中学校の寄宿舎の復習教師として二年間働いた。その頃、彼女は、トルストイ（Lev N. Tolstoi, 1828-1910）の教育的著作と彼の博愛的な作品に影響を受け、二回もトルストイ宛に手紙を出し、彼の影響を受けて次第に社会的、政治的に開眼した。また、彼女は『資本論』（Marx, Engels : *Das Kapital*, 1867）を読んで、一八九〇年にマルクス主義者の団体に加わり、一八九一年から一八九六年まで労働者のためにペテルブルクのはずれにあった夜間日曜学校の教師となった[2]。

一八九三年、ロシア革命の立役者となったレーニンがペテルブルクに来て、マルクス主義と労働運動の結合を計画した。翌年、彼女はレーニンと知り合うなかで、彼女が労働者学校の教師であったことから組織と労働者との連絡役を務めた。一八九五年の秋、レーニンはペテルブルクのマルクス主義サークルをまとめて「労働者階級解放闘争同盟」を結成したが、同年一二月に再逮捕された。クルプスカヤが獄中のレーニンとの連絡役を務めたり、ペテルブルクの紡績工のストライキを組織したことで、彼女も一八九六年に逮捕され、翌年三月にウファー県へ三年間の流刑を宣告されて出獄した[3]。レーニンは一八九七年から一九〇〇年までシベリアのエニセイ県のシュシェンスコ村に流刑となっていて、クルプスカヤがレーニンと婚約中であったことから、彼女もシュシェンスコ村への流刑が許された。一八九八年五月、彼女は母親とともに三週間かけてレーニンの流刑地に赴き、七月に同地でレーニンと結婚した。流刑地での新婚生活は、鉄道から七〇〇キロも離れたシュシェンスコ村の農家の部屋を借りて始められたが、一九〇〇年一月レーニンは刑期を終えて国外のミュンヘンに脱出した。その間、クルプスカヤはレーニンの『ロシアにおける資本主義の発展』の清書などの著作活動を手伝い、また自分の最初の著作『婦人労働者』を執筆し、ロシア帝政下の婦人労働者の無権利状態と子どもの恵まれない生育状態を論じた[4]。

レーニンの刑期終了後、彼女はウファー県でのもう一年の刑期をドイツ語とフランス語の勉強で送り、一九〇一年三月刑期の終了とともにペテルブルクに母親と戻り、同年四月レーニンの居るミュンヘンに行き、一九〇二年三月ミュンヘンからロンドンへ、また一九〇三年の四月にはロンドンからジュネーブに移り住み、ヨーロッパ各地での亡命生活を送った。一九〇三年七月から八月にかけて、ブリュッセルからロンドンに場所を移して開かれたロシア社会民主主義労働党第二回大会にクルプスカヤは参加し、同党の中央委員会在外部書記になり、八月にジュネーブに戻り、同党の機関誌とも言える『イスクラ』の編集者とレーニンの助手として活躍した[5]。

一九〇三年一一月、ロシア社会民主主義労働党内部の路線問題で、レーニン率いるボリシェヴィキ（多数派・左派）とプレハーノフ（Georgii V. Plekhanov, 1856-1918）らのメンシェヴィキ（少数派・右派）の対立のなかで、『イスクラ』はメンシェヴィキに掌握され、クルプスカヤは同紙の書記をやめるが、レーニンとともにメンシェヴィキとの路線闘争に従事し、一九〇五年四月ロシア社会民主主義労働党の代議員としてロンドンでの第三回大会を準備した。同大会ではロシア革命の路線が強まり、彼女はボリシェヴィキの中央委員会の機関紙『プロレタリイ』の書記となった。その間に、同年一月九日にペテルブルクでいわゆる「血の日曜日」と呼ばれるロシア革命の烽火があがり、クルプスカヤとレーニンは武装蜂起を準備するために一一月ペテルブルクに帰った。しかし、帝政の弾圧と保安課の追及の激しさから、二人はペテルブルクに留まることができず、一二月末にフィンランドへ退き、フィンランドから時折ペテルブルクに出掛けてロシア革命を準備したのである[6]。

一九〇七年末、レーニンの国外退避に伴い、クルプスカヤは彼とともに翌年一月ジュネーブに行き、機関紙『プロレタリイ』の発行もフィンランドからジュネーブに移され、彼女は書記として従事した。また、一九〇八年の末には、機関紙『プロレタリイ』の発行がロシア亡命者の中心地であったパリに移されたことで、クルプスカヤとレーニンはパリに移り住み、一九一一年に彼とともにパリ郊外のロンジュモでロシア社会民主主義労働党の幹部養成の学校を四ヶ月開き、一九一二年七月には党中央委員会がクラコフに移されるとともに同地に赴いた。一九一三年、彼女は甲状腺の悪化でオーストリアのボロニンで療養中であったが、翌一九一四年に第一次世界大戦が勃発したため、八月末同地からクラコフ経由でウィーンに入り、枢軸国支配のウィーンを脱出して九月五日に中立国スイスのベルンに着いた(7)。

第一次世界大戦中のスイス在住の時代、クルプスカヤは党務と同時に教育の問題に関心を持ち、スイスではペスタロッチ（Johann H. Pestalozzi, 1746-1827）教育学研究会のメンバーとなり、ベルンやパリの学校を見学したり欧州各国の教育関係の文献を読み、教育の論文を著した。一九一五年、彼女は『国民教育と民主主義』を著したが、出版は一九一七年の二月革命後になった。一九一六年一月、クルプスカヤとレーニンは図書館利用のためチューリッヒに移ったが、同年末から一九一七年にかけてロシア・ペテルブルクでストライキが拡大し、ロシアに民主主義革命が勝利しつつある情報を受け、革命を民主主義から社会主義革命に転化させる指導のために、レーニンや政治亡命の同志グループとともに同年四月三日ロシアに戻った(8)。

ケレンスキー（Aleksandr F. Kerenskii, 1881-1970）首班の臨時政府との覇権争いの時期、クルプスカヤは一九一七年七月の第六回ロシア社会民主主義労働党大会で代議委員となり、また六月以来地区参事会の文化教育部を指導し、婦人や労働者の識字率の向上に当たった。特に、彼女は労働者の子どもたちのための無料の児童保育所や幼稚園の開設に尽力し、後の「コムソモール」（共産主義青年同盟）の前身となる組織の創設にも力を注いだ。その間の一九一七年一〇月、レーニンの武装蜂起の指導により、同月二四日から二五日にかけて臨時政府は倒れ、国家権力は労働者と兵士の代表からなる機関のペテルブルク・ソビエト軍事革命委員会に移った。そして、翌二六日から二七日にはレーニンを首班とするソビエト政権樹立の法令が出され、クルプスカヤは教育人民委員部校外教育部長に任命された(9)。

一九一八年三月、政府がモスクワに移るなかで、クルプスカヤは校外教育の基本を成人教育と考え、特に都市部の婦人労働者を組織し、一九一八年五月にモスクワで校外教育の全ロシア大会の第一回を積極的に開催し、また反革命の白衛軍と戦う赤軍兵士や軍事養成所の兵士たちに、共産主義建設に向けての労働者と兵士の役割を説いた。彼女は一九二四年一月二一日にレーニンが亡くなるまで一九二二年から彼を長く看病し、レーニン死後も中央統制委員会のメンバーに選出された(10)。また、クルプスカヤは、一九二〇年以来共和国の政治教育機関監督局を指導し、「コムソモール」や「ピオネール」(共産主義子ども同盟)運動の組織化に尽力し、一九二九年には教育人民委員代理となり識字率向上のために図書館行政に尽した。一方で、彼女は一九一〇年以来教育に関する論文を多数執筆し、特に「総合技術教育」(politekhnizm)に関する論考を一〇〇編以上も著し、一九三一年にソ連科学アカデミー名誉会員に選出された(11)。

一九三〇年と一九三四年、クルプスカヤはソ連邦共産党中央委員に選出され、一九三三年にはレーニン賞を受け、一九三六年にロシア共和国教育人民部から教育学博士号を授与された。その三年後の一九三九年二月二七日、前日まで七〇歳の誕生日の祝いの宴で持ち前の陽気さを感じさせていたが、翌日クルプスカヤは急逝した。葬儀は赤の広場で行われ、遺骨はクレムリン宮殿のレーニン廟の後ろに葬られている[12]。

2 教育研究の軌跡

これまで見てきたように、クルプスカヤは二〇歳の頃トルストイの教育的著作と彼の博愛的な作品に影響を受け、一方でマルクス主義に傾倒するなかで、二年間ペテルブルクのはずれにあった労働者のための夜間日曜学校の教師となった。そして、彼女は第一次世界大戦中スイスに亡命していたころ特に教育問題に関心を持ち、ペスタロッチ教育学研究会の会員となったり、教育関係の文献を読み論文を著すなかで、一九一七年に最初の著書『国民教育と民主主義』を出版した。同書は、その初版の序に述べられているように、国民教育において知的発達と生産労働を結合させるという思想がどのような民主主義の環境のもとで生まれて発展したかを究明することを目的としている[13]もので、いわばクルプスカヤの教育研究の原点であり、彼女の教育思想と教育問題の核心が表れている。そこで、まず同書における彼女の教育研究の主な系譜を洗い、そこでの理解と彼女が受けた教育思想の影響とを明らかにしよう。

クルプスカヤが『国民教育と民主主義』においてまず問題にするのはルソー（Jean J.Rousseau, 1712-1778）であり、ルソーはその著書『エミール』において当時の教育方法を鋭く批判するなかで、身分差別や貧困とともに当時の教育の不自然さを明らかにし、人間一般をどのように教育するかを論究することで人々に強い影響を与えたと評価している[14]。彼女は、ルソーが労働を人間の社会的義務と考え、子どもの知力を発達させる手段として手職を考えていたと理解し、ルソーの教育思想の影響から、教育は労働することを教えるべきであると捉えている[15]。

クルプスカヤによれば、ルソーにおいては子どもの労働そのものが目的ではなく、教育的な思考作用を呼び起こす労働が重要なのであって、特にそれを彼女は機械的な特定の労働を目的にする職業教育ではなく、労働一般を目的とする総合技術教育であると理解した[16]。そして、彼女はルソーの手職の教育を子どもが生産労働の社会的関係や社会的意義を学ぶ総合技術教育として解釈し、その特質を職業一般に対する準備だけでなく、子どもの知的見解を広め、社会的な諸関係や社会秩序を全体的に理解して評価する尺度として把握している[17]。まさに、クルプスカヤにおいては、ルソーの教育思想は労働者階級が自立した自由な人間になるために感謝して研究すべき民主的な思想なのであって、世界各国の教育実践家が各々の国の政治経済的な条件のもとで応用すべき思想として影響を勝ち得ていると評価されているのである[18]。

クルプスカヤによれば、このようなルソーの教育思想はフランス、スイス、ドイツにおいて生き生きと反響し、特にスイスの情熱的な民主主義者ペスタロッチにより国民教育に生産労働を採り入れることが実践されたのである[19]。彼女によれば、ペスタロッチは一八世紀の農業国スイスに資本主義的生産形態が押し寄せ、多くの農民が土地を失って工場労働や日雇いで生計を立てなくてはならなくなり、子どもに稼がせても飲んでしまうほど零落した民衆を助けたいと、ロシア的に言えばナロードニキのように民衆の生活に入り込んだのである。また、彼は階級闘争の問題を認識していないが、彼の作品は民衆に対する燃える愛情で暖められ、その鋭い観察力から思想の深さと独自性を示し、民主的な思想の歴史を知りたいと望む者にとっては極めて興味深いと、彼女はペスタロッチを高く評価している[20]。

クルプスカヤは、ペスタロッチは貧困から民衆が自立する手段を教育に求め、労働が生活の中心である民衆の要求を満たす教育として、労働に対する全面的な適性の発達と知識が労働と密接に結びついた教育を考えていたと解釈している。特に、ペスタロッチが一八世紀末のスイスの家内資本主義的生産のもとでひどく搾取されていた児童労働から子どもたちを救済し、彼らを単調な労働から解放する方法が学校であると捉えていたと述べ、子どもに対し労働を全面的な発達の手段とする労働教育を行っていたと論じている[21]。

しかし、クルプスカヤは、ペスタロッチの読み書きや計算等の能力の発達と生産労働を結合させた教育は、いわゆる総合技術教育ではあったが、それは極めて制限されたもので、彼が教育を生産労働に結びつけただけでなく、賃労働に結びつけたのは明らかに誤謬であると指摘している。彼女によれば、資本主義経済の下では子どもの賃労働は僅かに生活費の一部を補うだけにすぎないし、それが生活費のすべてを賄い、さらに余剰が出ると考えるのはユートピアにすぎないのである[22]。また、ペスタロッチが教育活動の中心は生産労働でなくてはならないと主張した彼の思想は全く正しく、完全に労働者階級に適合したのであるが、彼が生産労働を企業主のための作業形態や自家消費のための形態と考えたのは誤りである[23]と、批判しているのである。

続けて、クルプスカヤは、ペスタロッチと同様に生産労働を教育の中心に置いた教育家として、スイスの彼と同時代人のフェレンベルク (Emanuel Fellenberg, 1771-1848) を挙げているが、フェレンベルクの経済的事業を第一とした「工業学校」が貧乏人の学校であり、その身分的・階級的性格はペスタロッチの学校の民主的な性格と根本的に違うものであったと指摘し、またその見解の相違は彼の出自、すなわち貴族出身のフェレンベルクがすべての解放運動に同調しなかった点にあったと述べている[24]。そして、彼女はペスタロッチとの比較で、イギリスで労働者の子弟の教育機関であり、また保育所でもあった「新性格形成学院」(New Institution for the Formation of Character) を一八一六年一月一日に開設したオウエン (Robert Owen, 1771-1858) を挙げて、彼の社会教育思想を問題としている。

クルプスカヤによれば、オウエンはペスタロッチが教育実践を行ったスイスよりも早く大工業が勃興して労働者が大量に出現したイギリスにおいて、女性と五歳や六歳の子どもまでが労働者として搾取された時代に、貧困と無知のうちにあった労働者とその子どもたちを救うことを考えた人物であり[25]、彼の教育事業や思想について、彼女は次のように述べている。すなわち、工場経営に当たっていたオウエンは、工場労働に就いている母親の好ましくない子育てを改善するために保育所を作ることによって子どもたちの精神的、肉体的発達を良好なものにした。また、工場労働が子どもに与える悪い影響を見て一〇歳以下の子どもには労働をさせず、代わりに彼の特別学校において遊び学ばせることによって好ましい結果を出したのである[26]。特に、ペスタロッチが資本主義的生産における搾取について考えなかったのに対し、オウエンは民衆を救うには社会関係の根本的変革、すなわち児童労働の搾取に典型である資本主義的生産様式を変えることを考え、児童労働を制限する「工場法」を要求し、家庭教育の崩壊を公的な教育によって救おうとしたと、彼女はオウエンを解釈しているのである[27]。

さらに、クルプスカヤは、これまで明らかにしてきたように、ルソーやペスタロッチと、フェレンベルクやオウエンにおける学習と生産労働を結合する教育思想、つまり総合技術教育という観点に立って、フランス革命期の議会における教育立法を考察している。彼女によれば、フランス革命期の議会において、数多くの教育法案が提出されたが、一七九三年の九月一五日に国民議会で採択された化学者のラヴォアジエ（Antoine Lavoisier, 1743-1794）がまとめた国民教育の計画案は、幼児期から始まる広義の総合技術教育を論じ、労働に一生を捧げなくてはならない国民大衆の利益を考えた教育計画であったことから、労働者階級から支持された唯一の計画案であったと評価している[28]。

しかし、クルプスカヤは、以上論じてきた教育思想家や教育家の労作教育ないし技術教育の問題を労働と教育の結合の問題として全面的に論究したのはマルクス(Karl Marx, 1818-1883)とエンゲルス(Friedrich Engels, 1820-1895)であると解釈している[29]。前述したように、クルプスカヤの『国民教育と民主主義』が出版されたのは一九一七年であるが、すでに一九一五年の時点で彼女は同書を完成していたのである。一九一七年のロシア・ソビエト革命の成功や、また二〇歳代からマルクス主義を研究するなかで『国民教育と民主主義』をまとめたことなどから、国民大衆の教育や労働と教育の問題をマルクスとエンゲルスにおいて完成された思想と結論づけていることは当然のことであり、いわば彼女の教育思想の根底はマルクス主義思想であると捉えられるのである。そこで、以下にクルプスカヤの教育思想の基底となっているマルクス主義思想の要点を概観しておこう。

3　思想基底としてのマルクス主義

クルプスカヤの教育の主著『国民教育と民主主義』が出版されたのは前述したようにロシアの社会主義革命が成功した一九一七年であり、彼女が二〇歳代の早くからマルクスの『資本論』を読み、マルクス主義の宣伝と社会主義ないし共産主義革命の運動に挺身していた経歴から、彼女が国民大衆の教育と労働の問題をマルクスとエンゲルスにおいて完成された思想であると結論づけることは当然のことである。

クルプスカヤの生涯に亘るパートナーであり、ロシア革命の指導者であったレーニンは、一九一三年の論文「カール・マルクス—略伝とマルクス主義の解説—」において、マルクス主義は一九世紀の思想の主な三つの潮流、すなわちドイツの古典哲学、イギリスの古典経済学、革命的なフランスの社会主義を継承した学説体系であると述べている[30]。彼によれば、マルクス主義の体系は「哲学的唯物論」、「弁証法」、「唯物史観」、「階級闘争」観と、経済学説の「剰余価値」説と社会主義である[31]が、これらの教説はいわゆるマルクス主義の哲学と経済学に属するものであり、一般に知られるマルクス主義思想の内実である。ところで、クルプスカヤはレーニンと政治活動と生活を共にしていたことから、当然レーニンのマルクス主義理解に深く影響を受けたであろうし、またロシア革命以後のマルクス主義がマルクス・レーニン主義としてソビエト政府の公認イデオロギーであったことからも、マルクス主義の哲学や世界観をレーニンのマルクス主義解釈を手掛かりに概説することにしよう。

まず、弁証法的唯物論は、マルクスとエンゲルスの合作であるが、レーニンもマルクスの唯物論の要点をマルクスの遺稿『聖家族』(Marx, Engels : *Die heilige Familie oder Kritik der kritischen Kritik*, 1844/45) と、『資本論』第一巻の第二版の「あとがき」から引用し、それにエンゲルスの唯物論に関する論考を引用して説明している。すなわち、「唯物論は、『一八世紀に、特にフランスで、既成の政治的制度にたいする闘争であり、同時に……あらゆる形而上学』『にたいする……闘争であった』(『聖家族』)。マルクスはこう書いている、『ヘーゲルにとっては、彼が理念という名でひとつの独立に主体にさえ転化させている思惟過程が、現実的なものの創造者』『である。……私にあっては、反対に、観念的なものは、人間の頭脳のなかでおきかえられ翻訳された物質的なものにほかならない』[32]と。そして、レーニンはエンゲルスの「『世界の統一は、それの存在ということにあるのではなく、……それの物質性にある。そして、この物質性は、……哲学と自然科学との長い、長々しい発展によって証明ずみのものである。……運動は、物質の存在の仕方である。運動のない物質、物質のない運動は、いつ、どこにもなかったし、あるいはありえない。……思惟や意識とはいったいなんであり、またどこから生まれてくるのか、とたずねてみると、それらは人間の頭脳の産物である……』(『反デューリング論』Engels : *Anti-Dühring*, 1878)、『いっさいの哲学の、特に近代の哲学の大きな根本問題は、……存在にたいする思惟の、自然にたいする精神の関係の問題、……何が根源的なものか、精神かそれとも自然かという問題である。……それにどう答えたかに応じて、哲学者たちは、二大陣営に分裂した。自然にたいして精神が根源的であると主張した人々、したがって、結局、あるなんらかのかたちの世界創造を認めた人々は、……観念論の陣営を形成した。自然を根源的なものとみた他の人々は、唯物論の種々の学派に属する』(『フォイエルバッハ論』Engels : *Ludwig Feuerbach und der Ausgang der klassischen deutschen Philosophie*, 1888)」[33]という唯物論の説明を引用している。

レーニンによるこれらのマルクスとエンゲルスの引用は、哲学の根本問題のひとつである存在論において、マルクスとエンゲルスが存在の根源は物質であるとする古代の唯物論以来の立場であることを明らかにし、いわゆるマルクス主義哲学の存在論が唯物論であることを説明しているのである。また、レーニンは、このマルクスの唯物論はヘーゲルの観念的弁証法を唯物論的自然観に取り入れたもので、フォイエルバッハまでの非歴史的、非弁証法的な古い唯物論とは違って発展の見地を全面的に首尾一貫させた唯物弁証法であり、人間の本質を社会的諸関係の総体として具体的、歴史的に理解し、さらに世界を変える革命的な実践の意義を理解する理論として把握しているのである[34]。

かくして、レーニンに従ってマルクス主義が弁証法的唯物論を採っていることが明らかになったが、この弁証法的唯物論を人間社会の歴史に適用したのが唯物史観である[35]と、レーニンはその説明を『経済学批判』(Marx : *Zur Kritik der politischen Ökonomie*, 1859) の序を引用して次のように述べている。すなわち、「人間はその生活の社会的生産にあたって、一定の、必然的な、彼らの意志から独立した関係、生産関係にはいる。この生産関係は、彼らの物質的生産力の一定の発達段階に照応する。これらの生産関係の総体が社会の経済的構造をかたちづくる。これが現実の土台であって、その上に法律的および政治的な上部構造が立ち、またそれに一定の社会意識諸形態が照応する。物質的生活の生産様式が、社会的・政治的・精神的な生活過程一般を条件づける。人間の意識が彼らの存在を規定するのではなくて、逆に、彼らの社会的存在が彼らの意識を規定するのである。社会の物質的生産力は、その発展のある段階で、この生産力がそれまでその内部で運動してきた現存の生産関係と、あるいはそれを法律的に言いあらわしたものにすぎないが、所有関係と、矛盾するようになる。これらの関係は、生産力の発展の形態から、その桎梏にかわる。経済的基礎の変化とともに、巨大な上部構造全体が、あるいは徐々に、あるいは急速に変革される。」(36)と。

この唯物史観においては、人間社会の歴史の過程はその土台をなす物質的生活の生産の様式である下部構造が条件となり、その上に上部構造として政治的、法律的な関係や精神生活などの意識が形成される。そこから、人間はその属する社会的意識形態のもとで階級、資本主義社会においては生産手段を持つか持たないかによってブルジョワとプロレタリアートの階級に分かれて対立し、階級闘争に至るのである。レーニンはその点について『共産党宣言』(Marx, Engels : *Manifest der Kommunistischen Partei*, 1848)を引用して説明している。すなわち、「すべてこれまでの社会の歴史は階級闘争の歴史である。自由人と奴隷、貴族と平民、領主と農奴、ギルドの親方と職人、つまり、抑圧するものと抑圧されるものとは、つねに対立し、ときには隠然と、ときには公然と、絶えまなくたたかってきた。……封建社会の没落から生まれてきた近代ブルジョワ社会は、階級対立を廃棄しなかった。それはただ、新しい階級、新しい抑圧条件、新しい闘争形態を古いものにおきかえたにすぎない。けれども、現代、すなわち、ブルジョアジーの時代は、階級対立を単純にしたことを特徴とする。社会全体が、敵対する二大陣営へ、直接あい対立する二大階級へ、ますます分裂しつつある。すなわち、ブルジョアジーとプロレタリアートとへ」[37]と。

このような社会史観によって、マルクスとエンゲルスは資本主義社会の生産形態の問題点や病理を明らかにしながら、搾取され抑圧されたプロレタリアート・労働者階級の解放を革命によって達成する理論を展開し、また資本主義経済を批判的に分析してマルクス主義経済学と言われる経済学を構築しているのである。マルクス主義の哲学と世界観の概要が明らかになったところで、次にクルプスカヤが『国民教育と民主主義』において論述しているマルクス主義に基づく労働者階級の教育についての見解に触れておこう。

クルプスカヤは、国民教育における生産労働の役割を担う者は労働者階級であり、教育と生産労働との結合が必要であることを指摘したのはマルクスであって、彼は児童の労働搾取を摘発し、一定年齢の子どもたちには生産労働と体育を結合する教育が必要であり、社会の生産力の向上となるだけでなく、全面的に発達した人々をつくる唯一の方法になるであろうと述べたと、マルクスの『資本論』第一巻を引用しながら総合技術教育を指向している[38]。まさに、クルプスカヤは「生産労働に子どもたちを引き入れることとたたかうのではなく、その労力の資本主義的な搾取とたたかわなくてはならない」[39]と述べ、「全児童にたいして公共の無料な教育。現在のような形態においては児童の工場労働の廃止。教育と物資生産との結合」[40]という『共産党宣言』の方策が教育に採り入れられなくてはならないと述べているのである。

かくして、クルプスカヤにおける教育思想の基底がマルクス主義にあり、またマルクス主義に基づく教育思想の中核は教育と生産労働とを結合する総合技術教育であることが明らかになった。したがって、マルクス主義に基づく革命によって樹立されたソビエト社会主義共和国連邦において、その国民教育の確立に重要な役割を演じた彼女の教育の理想や目的は、当然のこととして社会主義ないし共産主義を目指す教育であるが、次に彼女自身の論考において、その教育目的論を明らかにしよう。

4　教育目的論

クルプスカヤの一九一八年九月二〇日の講演録「社会主義的教育の理想」によれば、「教育は、一定のタイプの人間を手にいれることを目的として成長中の世代に計画的にはたらきかけることである」[41]。したがって、クルプスカヤにおいてはブルジョアの学校はブルジョアジーに必要な人物を教育することを目的としているように、彼女が志向する社会主義の教育は青年たちを社会主義的精神で教育することを目的としなければならないのである[42]。彼女によれば、ブルジョアの学校の教育は日常生活を観察する機会が全くないなかで行われ、教科となっている労働は遊びごとであり、精神労働と身体労働が分離された訓育的意義を持たない教育なのである[43]。

一方、社会主義の教育は集団的労働を教育の中心に据え、科学の光に照らしだされた集団的な労働や多面的な労働が中心とならなければならないのであり、社会主義的学校は生徒に社会的本性を育てて発達させることを目的としなくてはならないのである[44]。また、社会主義の学校は、生産労働が主要な役割を演じていなくてはならず、社会主義的な組織化の経験を身につける機会を提供する計画的な組織でなくてはならないのである[45]。

さらに、クルプスカヤの一九二八年から一九三〇年の論考である「教育」において、教育は狭義には子どもたちや未成年たちに大人たちが及ぼす何らかの計画的、系統的な作用であると定義されている。ここで言う大人たちとは、学校教育においては授業を行う教師をはじめ生徒指導にあたる生徒監であり、家庭では親やそれに代わる子守や保母や家庭教師が考えられている。さらに、彼女は、家庭と学校の教育のほかに、子どもたちだけでなく大人たちも教育される社会的な施設や社会制度などの広義の教育としての環境を重視し、教育を狭義の教育と広義の教育の相互関連において考えていて、とりわけマルクスとエンゲルスの教育説を踏襲し、いわゆる「フォイエルバッハに関するテーゼ」の三を引用して、人間は環境と教育の産物である[46]と定義し、広義の教育を重視しているのである。

したがって、クルプスカヤにおいては、社会的活動から切り離されて学校の壁の内に閉じ込められて行われる教育や、生活から遊離した教育方法は否定される。すなわち、「教育ということは、その言葉の最も一般的な意味では、人類の前進運動が彼らをそこへ呼び入れた社会体制に（それぞれの新しい世代を）適応させるのに必要なすべての努力の総和である」[47]というサン・シモン（Comte de Saint-Simon, 1760-1825）の教育説を結論として定義している。また、彼女がソ連邦共産党綱領の第一二条を引用して述べているように、「学校は、一般に共産主義の原則を伝達するものでなければならないだけでなく、共産主義を最後的に実現する能力を持つ世代をそだてあげるために勤労大衆中の反プロレタリア層と非プロレタリア層に、プロレタリアートの思想的・教育的影響を伝達するものでなければならない。」[48]と定義されるのである。

これらのクルプスカヤの論述から、彼女において教育は一定のタイプである社会主義ないし共産主義の人間を形成することを目的とし、成長中の世代に計画的に働きかける学校はプロレタリアートの思想的・教育的影響を伝達する機関であることになる。この社会主義ないし共産主義という特定の思想性を持った教育や学校の定義は国民教育の目的として国家の問題でもあることから、続けてマルクス主義における国家と学校の問題を彼女の論考から叙述しよう。

クルプスカヤによれば、マルクスは学校を国家への従属から解放しようと努力し、自由な人間の全面的発達を促進することを考え、国家による一定の条件下での立法的干渉は認めるが、国民教育に国家の行政的干渉が及ばないことを主張したと述べている[49]。また、彼女はマルクスの説に沿って、行政の学校教育への干渉は最も好ましくないと考えたのはコンドルセ（Marquis de Condorcet, 1743-1794）である[50]と述べ、また教育への行政の不干渉に努力したのがアメリカ合衆国の熱烈な民主主義者で共和主義者のマン（Horace Mann, 1796-1859）であり、そして彼が学校教育における非宗派性を実現させたと述べている[51]。さらに、彼女は、このようなマルクスの考えはブルジョア国家には当てはまるが、人民国家・ソビエト連邦にはその全体は当てはまらないと述べている。すなわち、彼女は、プロレタリアートがブルジョアジーを打ち倒し、自分たちだけでなく全人類を解放しようとする政権によって、階級的抑圧からの精神的解放を学校の目的とすることが社会主義における基本的真理なのであると述べ[52]、プロレタリア国家における国家と学校の関係を明らかにし、社会主義国の学校の役割を述べているのである。そこで、さらに社会主義の学校の目的を明確にしよう。

クルプスカヤによれば、君主国であろうと共和国であろうと、ブルジョア国家においては学校の目的は生徒たちの利益ではなく支配者であるブルジョア階級の利益によって規定され、学校は広範な人民大衆を精神的に奴隷化する役割を持つことになる。すなわち、ブルジョア国家では学校が支配階級のブルジョアの利益に基づいて設けられ、支配階級の後継者を育成する役割を果たし、あるいは支配階級が人民を管理するのを助ける官僚主義の要員としてのインテリの養成や支配階級に奉仕する人間の養成が学校の目的となっているのである。そして、そのような学校では、自主的に考えて決断する能力は押しつぶされて従順と忍耐と几帳面さが要求され、教授される知識は抽象的な机上の学問となる。したがって、そのような学校教育では身体的労働を嫌う人間を形成し、労働者を無関係な大衆とみなす人間を形成することになるのである。また、具体的な教授目的として、国民教育の学校では国語や地理や歴史の授業において排外的な愛国主義が育成され、生徒たちは絶えず上位者への尊敬と従順を訓練され、生徒同士の連帯感を窒息させる競争心を煽る成績評価や賞罰を導入することで、階級的自覚のない従順な大衆が形成されるのである[53]。

これに対し、社会主義の学校は、詰め込みや棒暗記を強制して生徒の個性を押しつぶす学校ではなく、生徒が個性を形成することを助ける自由な学校であって、学校の目的は生徒たちの完全な全面的発達を第一の特徴とすることなのである。また、社会主義の学校の第二の特徴は、子どもの生産労働を広範囲に展開する点にあり、子どもの能力に相応しい全面的な発達作用となる労働的方法を導入することによって、子どもを社会の有用な一員として育成することを目的としているのである。彼女によれば、生産労働と授業が密接に結びつけられたそのような学校教育によって、子どもたちの授業は生き生きと深みのあるものとなり、彼らが将来の生活に全面的に準備された人間になることによって自分の仕事に自分の個性を刻印することができ、自分自身が生活の主人公である人間となれるのである[54]。まさに、クルプスカヤにおいては、社会主義の学校は個人と社会の福祉を不公正に変質してしまった古い階級的学校を破壊する学校でなければならないのであり、社会主義体制に役立つ人間を教育することが学校の目的となっているのである[55]。

このように、クルプスカヤにおける教育や学校の目的は社会主義ないし共産主義の社会体制に生きるために有用な人間を形成することであり、その目標となる人間の教育においては「教授要目の基礎に、人間の労働活動の学習がおかれる」のである[56]。また人間の労働活動を学習することとは、労働活動の主体である人間について学習し、人間の自然への働きかけとしての方法や技術を動物界の一員として、さらに人類社会の一員としての人間の身体的・社会的欲求を研究して学ぶことなのである。そして、人間の労働活動を基礎として学習するのは、競争と搾取、全体の利益と計画性を持たない資本主義体制を滅ぼして生まれた社会主義体制を条件づけるのが労働活動であるからであり、新しい体制が必要とする人間は、他者の命令の履行者ではなく、全体の利益を自覚して生産分野の個々の関連性を理解し、労働に参画する者なのである。まさに、このような社会主義ないし共産主義の教育思想においては、労働や労働的方法による教授が学校生活における教授項目の全体で展開されることを不可欠と考えるのである[57]。そこで、次にクルプスカヤの就学前の子どもの教育に関する論考を見るなかで、このような教育思想のもとでの幼児の教育や保育についての見解とその特質となる教育原理について明らかにしよう。

5　幼児教育論

クルプスカヤは、彼女の主要著作である一九一五年の『国民教育と民主主義』を公刊する一八年も前から、就学前の子どもの保育や教育を問題にし、その後も就学前教育として幼稚園に関して多くの論述をしているが、まずロシア革命前の保育問題に関する彼女の論考を検討し、次いで革命前後に亘る彼女の幼児教育論を問題として論究しよう。

クルプスカヤは、ロシア革命が成立する以前の一八九九年の論著『働く婦人』と一九一二年の論考「プロレタリアの子ども」において、帝政ロシア時代の働く女性たちが置かれた悲惨な生活状態を告発し、彼女たちの出産や育児の問題点と、その子どもたちの生育状態について論じている。すなわち、クルプスカヤによれば、革命前の農村では農婦は農作業に加えて、子どもを持つとさらに一つの苦労が加わり、どのようにして子どもを育てるかが気苦労となる。働くためには子どもを老婆に預けるか、少し年長の七歳前後の子どもに見てもらうしかない。その結果、子どもが怪我をしたり、あるいは具合が悪くなったりしても気がつかず、始末に困ることになる。田舎の農村では母親自身が子どもを健康に育てる知識を持ち合わせていなければ、治療する所もない。ロシアの百姓屋には一〇人もの家族が住み、伝染性の病気に誰か一人が罹ると次々に感染し、抵抗力の弱い小さな子どもが命を落とすことになる。また、このような状況は家内工業や工場で働く婦人労働者たちもほとんど同様で、彼女たちは誰かに子どもの世話をしてもらうしかない。彼女たちは、仕事に疲れた後に子どもたちの世話をするが、子どもを育てる余力も知識も十分ではない。時には、彼女たちは一晩中病気の子どもの看護に当たり、寝不足で仕事に出ることになる。婦人労働者たちは、子どもを持つことで多くの苦労に悩まされ、否が応でも子どもを他人の手に預け、給金の大部分を養育料とせざるを得ないのである(58)。

このような農婦や家内工業の婦人労働者の子どもたちは、赤子の時は母親が暇のあるときだけ授乳され、蒸し暑い屋内で揺りかごに入れられるか、毛皮の外套に包んだままにしておかれる。そして、いくらか大きくなると放置され、ぼろを着て十分な食べ物もなく就学前の幼児期を路傍で過ごし、七歳前後になれば小さな弟や妹の子守りをさせられ、農作業を手伝わなければならない。田舎の農村には小学校もなければ、近隣の小学校に入れたとしても僅かな「読み」「書き」や「計算」を習う程度の低劣な教育しか受けられない。特に、家内工業の子どもたちは簡単な作業を任されるが、大人たちと同じように働かされて健康を害したり、知的能力は朝から晩までの単調な作業により発達することもなく愚鈍に陥らされている(59)。

このような子どもたちの置かれた生育状況は都市の子どもたちも同様で、都市には学校があるが、プロレタリア・労働者の子どもたちは四・五歳から家の手伝い、八歳からは大人の仕事をさせられ、特に女の子はすべての家事をさせられている。クルプスカヤによれば、七〇パーセント以上の子どもたちが郊外の森や野原に行ったこともなければ、牛や羊、ニワトリやアヒルも、また野いちごやキノコも見たことがなく、ニワトリに足が何本あるのかも知らず、カラスとスズメはどちらが大きいかが分からない子どもたちなのである。彼らは父母の名を知らないし、親の職業が何かも知らず、また何という町のどこに住んでいるかも知らない子どもたちなのである[60]。

このような帝政ロシア期の婦人労働者とその子どもたちの置かれた状況に対し、クルプスカヤはどのようにすれば良いかと自問し、まず第一に子どもたちに労働を負わせないようにするために物質的状態の改善をすべきであるが、子どもが三・四歳から遊びながら学ぶことのできる優れた幼稚園の施設を建てることが必要であり、それが不可欠なことであって、「児童こそわれわれの未来なのだ」と結論している。特に、社会主義制度下では子どもの養育の苦労を親たちから取り去り、社会が子どもの生活費を保障するだけでなく、子どもが十分に全面的な発達をすることができるように配慮する社会保育、社会全員の子どもが保育される公共の幼稚園を就学前の子どもたちに提供しなければならないと、彼女は論じている[61]。

ロシア革命が成立した一九一七年のクルプスカヤの論文「学校行政綱領」において、彼女は就学前の児童の教育を次のように論じている。すなわち、革命前のロシアでは、生活条件の劣悪さから幼児死亡率が非常に高く、出生児の半数が五歳未満で死亡していたことを踏まえ、ソビエト政権下での自治体は学齢前児童のための無料の保育所と幼稚園をできるだけ多く設立するよう配慮すべきであると述べ、保育所や幼稚園で子どもたちに食事を与え、健康な環境のなかで育てることで子どもたちの感覚を発達させることができるであろうと述べている[62]。また、彼女は翌一九一八年の論文「社会主義的学校の諸問題」において、幼稚園の創始者フレーベル(Friedrich W. A. Fröbel, 1782-1852)やイタリアの教育家モンテッソーリ(Maria Montessori, 1870-1952)女史の教説を引用しながら、子どもは幼いときから視覚、聴覚、触覚などの感覚を鋭敏に発達させなければならないし、言葉ではなく遊具によって感覚を訓練させなければならないと述べ、そのためにはすべての子どもが収容できる幼稚園が必要であると述べている[63]。

このような就学前の子どもたちの保育や教育の必要性について、クルプスカヤは一九三一年の第一回全ソ連就学前施設活動家会議での演説において次のように述べている。すなわち、就学前教育はソビエトにおいては新しい分野であり、就学前施設の規模はあまりに不十分であって、すべての子どもが一〇〇パーセント収容される必要があり[64]、特に就学前教育が普通義務教育と同じ道を進む必要があると述べている[65]。なぜなら、労働者の国ソビエト連邦では、婦人が生産労働に出るときに子どもを預けることが重要な問題であり、健全な次の世代を成長させるためには子どもを幼いときから丈夫に育て、子どもの健康を守ることが極めて大切な課題なのであって、幼児期の最初の数年間の健康がその後の全生涯に影響を及ぼすからなのである[66]。

かくして、彼女においては、就学前教育の目的の第一の課題は子どもを一〇〇パーセント収容して健康に育てることであり、そして第二には就学前教育の目的は共産主義的な人間を育てることなのである[67]。この共産主義的な教育とは、子どもたちを小さい時から集団主義者として、集団的に仕事をし集団的に生活する能力を持つ人間に育てる教育であり、また子どもに集団的に仲良く暮らす習慣をつけることにより国際的な教育を行うことなのである[68]。そして、さらに就学前の教育の目的は、子どもを集団主義者に育てなければならないと同時に、知的にも発達した子どもを育てなければならないのである[69]。

ところで、このような目的を課題とするクルプスカヤの幼児教育の方法はどのようなものであろうか。彼女によれば、幼児教育で忘れてはならないことは、子どもは周囲の生活を見て何でも模倣するので、子どもには多くの生活経験を与え、植物や動物の生態を示して観察させることが重要であり、幼稚園では子どもの経験を広めて子どもが周囲の生活を観察することから深く考える自主性を発展させて獲得させることが必要なのである[70]。このような保育や教育の方法は、いわば経験主義の方法であり、また児童尊重の教育方法であるが、クルプスカヤはそのためには言葉の勉強を少なくして、子どもの興味に合う適切な児童図書やおもちゃや遊びを用いること、また絵を描くことや物を組み立てる能力を養う遊びを考えている。すなわち、彼女によれば、子どもたちを肉体的に丈夫にし、労働の習慣を発達させ、視力の鋭さを強め、機敏さを発達させる遊びや作業が幼稚園や保育園の就学前の保育や教育で実行されることが必要なのである[71]。

6　評価

これまで述べてきたように、クルプスカヤはロシア革命の前後を生き、ロシアの国民教育に民主主義の原則を貫徹することを考え、またロシア革命後のソビエト社会主義共和国連邦においては、全面的な人間発達のために生産労働と教育の結合を意図する「総合技術教育」を推進した教育家と見られている。しかし、欧米の教育史上では、マルクス主義や共産主義を認知する教育学者や教育家は別として、彼女の教育思想の基本がマルクス主義にあり、また活動の場が共産圏であったことから、彼女の教育理論は度外視され、特に彼女の幼児教育論が問題にされることはほとんどなかった。しかし、第二次世界大戦以後の日本の教育史においては、イデオロギーに関係なく、クルプスカヤは言及されている。すなわち、クルプスカヤは教育人民部の国家学術会議の長として教育課程の改革を検討し[72]、国民教育に民主主義の原理を確立させるために民主的な自治の原則を貫徹することを考え、また全面的な人間発達のために生産労働と教育の結合を意図する「総合技術教育」を推進した教育思想家として評価されている[73]。そして、幼児教育史においては、クルプスカヤはソ連邦における就学前教育の改革を断行し、幼稚園の規定の具体化に尽力したと評価されている[74]。

一方、ドイツ民主共和国（旧東ドイツ）から出版された『教育の歴史』（*Geschichte der Erziehung*, 1988）では、「ソビエト社会主義共和国連邦におけるソビエトの教育制度の構造とマルクス・レーニン主義の教育学の展開」という大項目のなかでクルプスカヤが筆頭人物として取り上げられ、彼女の業績の中心は学校における教育と陶冶の過程での授業と生産労働の結合である「総合技術陶冶」(die polytechnische Bildung) にあった[75]とされ、またクルプスカヤは就学前の教育に関しても大きな功績が評価され、彼女の教育政策と教育学の理念には不変で未来を指し示す意義がある[76]と非常に高く評価されている。さらに、ロシア・ソビエト連邦社会主義共和国教育科学アカデミー版の『教育学史概説』では、クルプスカヤは「ソヴェ《(ママ)》ト教育学のすぐれた活動家たち」の三人の筆頭に取り上げられ、ピオネール運動の組織者の一人として労作のなかで共産主義と集団主義、若いソビエト市民の教育の目的と任務を研究し、また家庭教育、家庭と学校の結びつきに大きな意義を付与した「ソヴェ《(ママ)》ト教育学における新しい思想の宣布者である」と評価されている[77]。

以上のように、旧共産圏諸国における教育史上での評価は別として、国是とする政治イデオロギーや世界観の違いから、一般的な教育史では、我が国を除き欧米資本主義国においてはクルプスカヤの教育思想はほとんど言及されていない。とりわけ、一九八九年のベルリンの壁の撤去に始まり、一九九一年のソビエト社会主義共和国連邦の崩壊によって消滅したスラブ・コミュニズムは、ソビエト教育学に留まらず、特にその幼児教育思想の存在意義を皆無に等しくさせたが、彼女がロシア革命前の主著『国民教育と民主主義』において近代教育の始祖ルソーやペスタロッチと、イギリスにおける幼児学校の基本や世界で最初の保育所を開設したオウエンに論及していることから、これらの近代教育思想との関連から改めてクルプスカヤの教育思想と幼児教育思想を検討し、その特質と意義を明らかにする必要がある。

クルプスカヤは、前述したようにルソーが労働を人間の社会的義務と考え、子どもの知力を発達させる手段として手職を考えていたと解釈し、ルソーの教育思想から教育は労働することを教えるべきであると把握した。彼女においては、ルソーの教育思想は労働者階級が自立した自由な人間になるために研究すべき民主的な教育思想であると評価されている。彼女は、ルソーの教育と労働の思想はペスタロッチに取り入れられたと捉え、ペスタロッチは民衆が貧困から自立する手段を教育に求め、労働が生活の中心である民衆の要求を満たす教育として、労働に対する全面的な適性の発達や知識と労働が密接に結びついた教育を実践したと評価している。しかし、彼女は、ペスタロッチの「読み」「書き」や「計算」等の能力の発達と生産労働を結合させた教育は、いわゆる総合技術教育ではあったが、それは極めて制限されたもので、彼が教育を生産労働に結びつけただけでなく、賃労働に結びつけたのは明らかな誤謬であったと批判している。

一方、クルプスカヤは、オウエンはペスタロッチが問題にしなかった社会関係の変革を、すなわち資本主義的生産における労働者の救済を問題とし、とりわけ一〇歳以下の児童労働を禁止する国家的な「工場法」の改正[78]に努力したと評価している。また、そうした子どもやその母親たちの労働生活を改善するために特別な学校と保育所を開設し、工場労働に就いている母親の好ましくない子育てを改善するために保育所を作ることで子どもたちの精神的、肉体的な発達を良好なものにし、子どもには労働をさせず、代わりに彼の特別学校において遊び学ばせることで好ましい結果を出したと評価している。しかし、彼女は、多くのことを知らなくてはならない国民のための「読み」「書き」を、オウエンは単なる知識を獲得する手段としか考えなかったと批判しているのである。

クルプスカヤは、教育と全面的な生産労働の結合の必要性を指摘して論究したのはマルクスであり、また同じ見地に立ったのがエンゲルスであると断言し、マルクス主義の教育論を彼女の教育思想の基底としている。彼女にとって、教育とは子どもの全面的な発達であり、労働はその本質を備えたものであって、その要件を充足させるものが正しい意味での総合技術教育であり、ルソーとペスタロッチやオウエンの考えた教育はその意味で不完全なものと解釈されている。

クルプスカヤにおいては、「教育は、一定のタイプの人間を手に入れることを目的として、成長中の世代に計画的に働きかけることである」(79)と定義され、また教育は狭義には子どもたちや未成年者たちに大人たちが及ぼすなんらかの計画的、系統的な作用であると定義される。さらに、彼女においては、家庭と学校の教育のほかに、子どもたちだけでなく大人たちも教育される社会的な施設や社会の制度など、広義の教育としての環境が重視されている。そして、また教育と学校の目的を社会主義ないし共産主義の社会体制に生きるために有用な人間を形成することであるとし、その目標となる人間の教育においては「教授要目の基礎に、人間の労働活動の学習がおかれる」(80)ことが顕著な特質となっている。

また、就学前教育の方法として、幼児教育で必要なことは、子どもは周囲の生活を見て何でも模倣するので、子どもには多くの生活経験を与え、動植物の生態を観察させることが重要なのである。特に、幼稚園では子どもの経験を広めて子どもが周囲の生活を観察することから、深く考える自主性を発展させて獲得させることが必要なのであって、そのためには言葉の勉強を少なくして、子どもの興味に合う適切な児童図書やおもちゃや遊びを用いること、また絵を描くことや物を組み立てる能力を養う遊びが考えられている。この幼児の教育方法は、クルプスカヤが引用しているフレーベルとモンテッソーリの研究に基づく幼児教育の方法原理であって、彼女が近代教育の思想を把握し、その系譜としての新教育の思想を明らかに継承していたと考えられるのである。

以上のように、クルプスカヤの教育思想の特質として挙げられるのは、マルクス主義の主要な教育理念である教育と労働を結びつけた「総合技術教育」論であり、それは精神労働と肉体労働の分裂の克服を目指した人間の全面的な発達を目的とし、まさに労働者・プロレタリアートのための社会主義ないし共産主義国家の建設を目的とするソビエト連邦の国民教育に相応しい教育理論として考えられているのである。また、クルプスカヤの幼児教育思想の特質として挙げられるのは、「ピオネール」(共産主義子ども同盟)に象徴されるように、社会などで一定の目的を達成するためのメンバーを組織化する集団主義の理論である。集団主義は、いわばマルクス主義の組織論であり、集団メンバーの同志的連帯と団結や統合と規範を強調し、集団メンバーの人格の全面的・調和的発達を促進するという特徴を有する。教育場面における集団主義は、子どもや生徒の共同的な活動を組織する教授原理であり、具体的には仲間づくりや学級づくりの方法原理とされてきた。それはともかく、クルプスカヤの幼児教育思想においては、集団主義が共産主義的な人間形成の前提として基本原理になっているのである。

註

(1)(2)(3)レヴィドワ、パヴロツカヤ共著、海老原遙訳『クルプスカヤ―その生涯と思想―』明治図書、一九六九年、一九七〇年三版、第一章、第二章参照。笹嶋勇次郎著「クルプスカヤの教育論」、金子孫市監修『現代教育理論のエッセンス』ぺりかん社、一九七〇年所収、二〇四頁~二〇五頁。
(4)前掲『クルプスカヤ―その生涯と思想―』第三章参照。
(5)同前書、四〇頁~四五頁、六三頁参照。
(6)同前書、第五章参照。
(7)(8)同前書、第六章参照。
(9)同前書、第七章参照。
(10)同前書、第八章参照。
(11)同前書、一四六頁、一五一頁、一八四、一九五参照。
(12)ヴェーラ・ドリゾー著、岩上淑子訳『クループスカヤ小伝』大月書店、一九七〇年所収の年譜参照、前掲

『クルプスカヤ—その生涯と思想—』二三五頁。
(13)クルプスカヤ著、勝田昌二訳『国民教育と民主主義』岩波書店、一九五四年、一九八四年三一刷、五頁。
(14)同前書、二四頁〜二五頁。
(15)同前書、二八頁〜二九頁。
(16)同前書、二九頁〜三〇頁。
(17)同前書、三三頁。
(18)同前書、三三頁〜三四頁参照。
(19)同前書、五頁。
(20)同前書、三五頁〜三八頁。
(21)同前書、三九頁、四七頁〜四八頁。
(22)同前書、四八頁〜五一参照。
(23)同前書、五三頁。
(24)同前書、五八頁〜五九頁、五六頁参照。
(25)同前書、六七頁。
(26)同前書、七〇頁〜七二頁。
(27)同前書、六八頁〜七〇頁。
(28)同前書、八四頁〜八五頁。
(29)同前書、八九頁。
(30)ソ連邦共産党中央委員会付属マルクス=レーニン主義研究所編、レーニン全集刊行委員会訳『新版レーニン選集』第一巻、大月書店、一九六八年、一九七〇年六刷、五頁。

(31)同前書、六頁以下参照。
(32)同前書、六頁。
(33)同前書、六頁〜七頁。
(34)同前書、八頁〜九頁参照。
(35)マルクスは史的唯物論以外に弁証法的唯物論といったものは知らなかったし、マルクスの唯物論は本来史的唯物論として形成されたもので、弁証法的唯物論を歴史に適用したのが史的唯物論ではなく、また自然に関する研究を資本主義社会に応用したものでもないのであって、逆に彼は資本主義社会におけるプロレタリアートの解放のための階級闘争を資本主義社会に適用したのであるという説があり、自然弁証法から出発し歴史に及ぶのはソビエト・マルクス主義の特徴であると解釈されている(猪木正道著『共産主義の系譜』角川書店、一九五三年、一九六二年増訂新版三版、四三頁参照)。
(36)前掲『新版レーニン選集』第一巻、一〇頁。
(37)同前書、一二頁。
(38)前掲『国民教育と民主主義』八九頁、九一頁参照。
(39)同前書、九三頁。
(40)同前書、九四頁。
(41)クルプスカヤ著、矢川徳光編訳『社会主義と教育学』クルプスカヤ選集第五巻、明治図書、一九七二年、一九八一年六版、四六頁。
(42)同前書、四七頁、五〇頁参照。
(43)同前書、四八頁〜四九頁。
(44)同前書、五一頁。

(45)同前書、五四頁。
(46)同前書、七三頁、七四頁。マルクスは、一八四五年から四六年の著作『ドイツ・イデオロギー』(*Die deutsche Ideologie*)において「人間が環境を作るように、環境は全く同様に人間を作る」(die Umstände ebensosehr die Menschen, wie die Menschen die Umstände machen)と述べている(*Karl Marx*・*Friedrich Engels Werke*, Bd.3., Institut für Marxismus-Leninismus beim ZK der SED, Dietz, Berlin 1958, 1969, S.38.)。また、マルクスによる同書の原稿ノートである「フォイエルバッハに関するテーゼ」のなかの三では、クルプスカヤも引用しているように、「環境が人間によって変えられなくてはならないし、また教育者自身が教育されなくてはならない」(die Umstände von den Menschen verändert und der Erzieher selbst erzogen werden muss)ことが提起されている(ibid, S.5f..)。
(47)前掲『社会主義と教育学』、九三頁。
(48)同前書、九一頁。
(49)同前書、三六頁〜三八頁、四三頁参照。
(50)同前書、四四頁。
(51)同前書、四〇頁。
(52)同前書、三八頁。
(53)同前書、二三頁〜二六頁。
(54)同前書、三一頁〜三三頁。
(55)同前書、三五頁。
(56)同前書、六〇頁。
(57)同前書、五九頁〜六一頁参照。

(58)(59)クループスカヤ著、園部四郎訳『幼児教育について』新読書社、一九七三年、二二〇頁〜二二五頁。
(60)同前書、二二八頁。
(61)同前書、二二五頁〜二二九頁参照。
(62)同前書、二六頁〜二七頁。
(63)前掲『社会主義と教育学』、二八頁〜二九頁。
(64)前掲『幼児教育について』、九一頁。
(65)同前書、九四頁。
(66)同前書、九一頁〜九五頁参照。
(67)同前書、九三頁。
(68)同前書、九六頁、九八頁。
(69)同前書、九九頁。
(70)(71)同前書、一〇五頁、一〇〇頁〜一〇一頁参照。
(72)長尾十三二著『西洋教育史』東京大学出版会、一九七八年、一九九四年二版二刷、二七九頁。
(73)庄井良信著「ロシア革命の教育思想」、山崎英則、徳本達夫編著『西洋の教育の歴史と思想』所収、ミネルヴァ書房、二〇〇一年、一八六頁〜一八九頁。
(74)奥井明子著「ソビエトの就学前教育」、岩崎次男編『近代幼児教育史』所収、明治図書、一九七九年、二〇八頁参照。
(75)Karl-Heinz Gunther hrsg., *Geschichte der Erziehung*, Volk und Wissen, Berlin 1988, S.524ff..
(76)ibid., S.527.
(77)コンスタンチーノフ教授監修、大崎平八郎、勝田昌二、浅川文子共訳『世界教育史』第二巻、青銅社、一九五四年、二九二頁～三〇〇頁参照。

(78) オウエンは、「工場法」に関する論考「工場制度の影響についての所見」(*Observations on the Effect of the Manufacturing System*, 1815) や、「工場における児童雇用について」(*On the Employment of Children in Manufactories*, 1818) において、一七六〇年代に世界で最初に産業革命を達成したイギリスでは、その発展のなかで金儲けの経営主義が蔓延し、工場労働者は「成人の男女だけでなく、幼い子どもまでが、一日一四・五時間も不健康な業務で働くことを強制されていた」(Robert Owen, *A New View of Society and Other Writings*, J. M. Dent and Sons, London 1927, rpt.1963, p.134.) と論じ、一〇未満の子どもの就業禁止と一二歳までの子どもには六時間以上働かせてはならないと論じている。彼は、下院の工場法委員会で法案賛成の証人として、一二歳以下の児童雇用の禁止や一〇時間労働と教育の必要を主張して尽力したのであるが、しかし法案は議会での反対者への譲歩により骨抜きにされ、一二歳が一〇歳となってしまったのである(Robert Owen, *The Life of Robert Owen written by himself*, vol.1, E. Wilson, London 1857, rpt. A. M. Kelley, New York 1967, p.116f., p.120f..)。

(79) 前掲『社会主義と教育学』、四六頁。

(80) 同前書、六〇頁。

第五章　バートランド・ラッセル

1　生涯

ラッセル（Bertrand Arthur William Russell）は、一八七二年五月一八日、英国の貴族の次男としてウェールズのトレレック（Trelleck）で生まれた[1]。バートランドが二歳の時に母親ケイトと姉レイチェルがジフテリアで没し、父親の子爵アンバーリもその翌年三三歳で没した。父の死後、バートランドは、一〇歳の兄フランクとともに、三歳からロンドン郊外のリッチモンド・パークにあった祖父母の邸宅で育てられた。祖父ジョンは、ラッセル伯爵家の初代で、第六代ベドフォード公爵の三男として生まれ、一八一三年に下院議員となり、内務大臣、陸軍大臣、外務大臣などの閣僚を歴任し、一八四六年と一八六五年の二度に亘って首相となった英国政界の有力者であった。バートランドは、その名門貴族ラッセル伯爵家を一九三一年に兄の死により伯爵三世として継ぐことになったのである[2]。

バートランド・ラッセルの生涯の年譜[3]によれば、彼は祖母の養育下で、学校には行かず家庭教師から教育を受け、一八九〇年一八歳でケンブリッジ大学のトリニティ・カレッジに入学し、数学や哲学を学んだ。一八九四年、彼は大学卒業後パリの英国大使館に勤務したが、その暮れに帰国し、二二歳で結婚した。その後、数理哲学の研究とともに政治に関心を持ち、フェビアン協会やドイツの社会民主党に近づき、一八九六年に『ドイツ社会民主主義』を、翌年『幾何学の基礎』を出版した。さらに、二七歳の一八九九年から一年間母校ケンブリッジ大学の非常勤講師としてライプニッツの哲学を講じ、『ライプニッツの哲学』を一九〇〇年、『数学の諸原理』を一九〇三年に出版した。一九〇八年、自由党から下院議員に立候補したが落選、一九一〇年にケンブリッジ大学のトリニティ・カレッジの論理学と数理哲学の専任講師に就任し、以後数年に亘って哲学に関する著作を公にした。

一九一四年八月第一次世界大戦が勃発し、彼は反戦運動を始めて翌年「徴兵反対同盟」の委員となり、『恐怖の帰結たる戦争』や『戦時下の正義』などの反戦論を展開した。そのため、一九一六年に反戦パンフレットの責任を問われ、簡易裁判所で一〇〇ポンドの罰金刑に処され、ケンブリッジ大学からも追放された。その後も彼は反戦平和の言論・執筆活動を続けるが、一九一八年初頭に徴兵反対同盟のパンフに書いた「ドイツの和平提案」という一文が政府とアメリカ軍を侮辱するものであると弾劾・起訴され、禁固六ヶ月の刑でブリクストン刑務所に収監された。

一九一九年末、彼はケンブリッジ大学への復帰の要請を受け入れたが直ぐに辞退し、翌年労働党代表団に加わって革命直後のソ連を訪問して一ヶ月近く滞在し、帰国後『ボルシェヴィズムの実践と理論』を出版した。その後、中国に行き、一九二一年にかけて北京大学で一年間講義をし、帰国の途中に日本に立ち寄っている。一九二二年と二三年、労働党から下院に立候補するが、二回とも落選したので政治家への道を断念し、著述活動に専念して次々と著作を公にした。

一九二六年、彼はそれまで書いてきた教育論をまとめて『教育について―特に幼児期における―』(*On Education, Especially in Early Childhood* 以下副題略)を出版し、翌一九二七年にドーラ夫人とビーコン・ヒル(Beacon Hill)に教育論の実験学校を設立して教育実践を行ったが、一九三五年夫人と離婚したため実験学校から手を引いた。この間に、一九二九年に『結婚と道徳』、一九三二年に『教育と社会体制』(*Education and Social Order*)を出版した。

一九三八年、ラッセルはナチス・ドイツとの宥和政策を支持するが、翌一九三九年九月にヒトラーのポーランド侵攻により始まった第二次世界大戦での対独戦争を支持した。大戦中、彼は米国の大学の招聘を受け、家族とともに渡米してカリフォルニア大学やハーバード大学などでゼミや講演を行った。そして、一九四四年にケンブリッジ大学からの招聘で帰国し、母校トリニティ・カレッジで講義を担当した。一九四五年、大著『西洋哲学史』を公刊する一方で、日本の原爆投下に衝撃を受けたことから、一九五〇年代から六〇年代にかけて米ソ冷戦下での世界的規模の原水爆禁止運動や平和運動を率先して組織し、一九六一年の英国の国防省前のデモでは逮捕されている。その間の一九五〇年に英国最高の名誉とされるメリット勲位を受け、また同年にはノーベル賞の文学賞を受賞している。その後、一九六二年のキューバでの米ソ対決の危機に際して両国首脳に電報を打ったり、一九六〇年代後半のヴェトナム戦争に対しては米国をたびたび批判し、著名なフランスの実存哲学者のサルトル（Jean-Paul Sartre,1903-1980）などとともにヴェトナム戦争国際戦犯裁判を開廷したりした。しかし、一九七〇年二月二日、ラッセルは九八歳を三ヶ月前にしてインフルエンザによりウェールズの自宅で没した。

このように、二〇世紀における哲学者のなかの哲学者であるラッセルは、数理哲学者としての名声や国際社会での活動家や評論家としての名声があまりに高いので、彼が教育の実践家や教育理論家であったことは一般にはあまり知られていないし、教育史上では極めて限られた評価のみで、ドイツ語圏の教育史ではほとんど言及されていない。すなわち、彼が教育実験のための学校を開設して、幼児や少年少女の教育活動を行ったことはあまり知られていない。前述したように一〇年足らずであったが、ラッセルは不健全な原理が教えられていると考えたイギリスの初等教育を自分たちの二人の子どもに受けさせる代わりに、ロンドンから六〇マイル離れたサウス・ダウンズ

(South Downs)にあったビーコン・ヒルの兄フランクの建物を借りてドーラ夫人と一緒に学校(Beacon Hill School)を設立した[4]。彼は、すでに一九一六年の著作『社会再建の諸原理』(*Principles of Social Reconstruction*)の第五章において、社会進歩と平和のための原理の一つとして教育を論じ、また前述のように一九三二年に『教育と社会体制』において絶対的な国家主義や教条主義の教育批判を著しているが、ここではラッセルの幼児教育思想を明らかにすることが主題であるので、彼の一九二六年の著作『教育について』をテキストとして、その幼児教育思想を考察しよう。

ラッセルが幼児教育に関心を持つようになったのは、自伝によれば一九二一年の中国旅行から戻った後に育児や教育の問題に関わるようになってからであり[5]、また彼の教育論の主著である『教育について』の序文で書いているように、自分自身の子どもたちの育児や教育で悩んだことが、幼児期の教育を論じる契機になったのである[6]。彼は、子どもは幼児期の性格の教育が特に重要であるので、親たちはその教育について明確な見解を持つことが大切であると述べ、冒頭で教育の目的を、次いで本題である幼年期の性格と知性の教育を論じている[7]。そこで、以下にまずラッセルの幼児教育思想の基底となる児童観を明らかにし、続けて彼の教育目的論を考察し、さらに性格の教育と知性の教育を論究しよう。

2　児童観

ラッセルは、『教育について』の第一章の「近代教育理論の前提条件」において、近代の児童観について述べている。彼によれば、子どもの天性は善良であり、年長者たちの悪徳を見て初めて悪くなるという見解は、伝統的にルソー（Jean J. Rousseau, 1712-1778……引用者註）の『エミール』（*Émile ou de l'education*, 1762……引用者註）に基づくもので[8]、それまでの神の罰を受けて邪悪さに満ちた本性を持って生まれたという原罪説は科学的に誤りであると述べている[9]。ラッセルは、原罪説に基づく児童観は有害であるが、それほど有害ではないけれどもルソーに伝統を持つ児童観もまた誤りであると論じ、子どもたちは生まれながらに「善」でも「悪」でもないということが真実であり、彼らはただ反射作用と僅かな本能のみを持って生まれているのであって、環境の働きによってそれらのものから習慣が作られ、それらが健全にもなれば病的にもなるのであると述べ、子どもの本性が善にも悪にもなるのは主に母親や乳母の知恵にかかっていると述べている[10]。

このラッセルの児童観は、いわゆる発達の素質論や環境論において、一般的に言われる素質と環境の相即論とは若干異なる見解であって、彼は環境論を重視していると言える。すなわち、彼によれば、子どもたちは、彼らが自分自身を見出す状況により、善い方向にも悪い方向にも発達する衝動を持っているので、新しい習慣を形成することが容易な年齢であり、彼らは自ずから道徳的な習慣を形成することができるのである。反対に、悪い欲望を自由奔放にしたままで、悪い欲望の徴候を阻止するためにただ意志の力のみを用いる古いタイプの徳行は、悪い行為を統御するためには極めて不十分な方法であり、堰き止められた流れのように、彼らの悪い欲望に注意深い意志の目から逃避した他の出口を見つけさせることになるのである(11)。

このように、ラッセルにおいては、子どもの本性は悪でも善でもなく、むしろ子どもが持つ衝動をどのように望ましい方向へ導くかによって決定されると考えられているのであり、また道徳や正しい規律を外から強制するのではなく、望ましくない活動をより望ましい活動に導く自発的な心の習慣の形成に教育の方向があると考えられているのである。このような考えを教育で具体化する技術的な方法を発見したモンテッソーリ(Maria Montessori, 1870-1952……引用者註)は、賞讃に価する大きな成功をおさめていると述べ(12)、モンテッソーリ学校に入れた自分の三歳の子どもの経験を例にして、次のように述べている。

モンテッソーリ学校では、規則がゲームの規則のように楽しみの手段であったので、……外から強制されたという感情を全然持っていなかった。……子どもたちが、彼らの好むことを行っているとき、外からの規律は何の根拠もない。幾つかの簡単な規則――どの子も他の子どもの邪魔をしない、一度に一種類以上の道具を使ってはいけない――は、簡単に理解され、当然のことであると感じられるので、それらの規則を守らせるのに困難はない。このようにして、子どもは良い習慣や具体的な例の実現から自己規律が成り立ち、時には衝動を抑え、それがある最終的な目的を獲得するために価値があるということを習得する。だれもがこの自己規律の獲得がゲームで容易であることを知っていたが、しかし知識の習得は、同じように面白くすることが十分にできるとは想像しなかった。私たちは、今ではこうしたことが可能であることを知っているし、またそれが幼児教育だけではなく、あらゆる段階においても行われ得るであろうことを知っていると[13]、ラッセルは述べている。

このようなモンテッソーリの教育法について、ラッセルは科学的な心理学による教育学への有効な影響があったと評価し[14]、「科学的心理学は、ウイーク・デーに体罰を加え、日曜日に説教をすることが徳を生み出すための理想的な方法にはならないことを示している」[15]と述べている。彼は、幼児心理学はこれまで無視されていたが、育児の問題は科学的に研究すべきであり、幼児の性格形成期においてこれまで無知な乳母や母親が行ってきたことについて、良い習慣をつけたか悪い習慣をつけたかを考察する必要があると述べ[16]、「幼年期の幸せが、最善の人間を形成するために絶対に必要である」[17]と、人間の成長において幼年期の占める位置を強調し、幼年期を極めて重要視している。特に彼は、生後一年間の乳児期を問題にし、乳児期にあっても乳児の自発性を尊重する視点から育児や教育的な配慮の必要性を論じているのである。

ラッセルは、親たちが科学の成果を知ることで幼児期の子どもたちの死亡を少なくできたことを指摘し、さらに生き残った子どもたちこそ健康を増進させるように説いている[18]。すなわち、幼児期では健康が最初で最高の配慮を必要とするものであり、子どもの健康を損なわないためには、親たちの愛情と知識の結びついた賢明さが必要であると説いている[19]。しかし、彼は、幼児を大事にする際に、ペットのように甘やかしてはならず、特に将来の大人として考え、また一人の人間として大事にしなくてはならない[20]と、児童尊重の立場を明確にしているのである。

3　教育目的論

ラッセルは、『教育について』の第二章で、教育が目指すべき目的としてどのような人間を形成するかについて論じている。彼は、万人が望ましいと思う理想的人間の特性として「生命力」(vitality)、「勇気」(courage)、「感受性」(sensitiveness)、「知性」(intelligence) の四つを挙げ、これらの四つの特性は相互に結びついているもので、若い人たちの身体と感性と知性が適切に世話されれば誰でも持つことができる特性であると、彼は言うのである[21]。このような特性を持った人間が、言うまでもなくラッセルが教育によって育成しようとする人間像であり、彼が教育において目標とする理想像である。ラッセルによれば、この彼が理想とする人間は「善い生活」(good life) という知に導かれ愛に鼓舞された生活のできる幸福な人間なのである[22]。

ところで、これらのラッセルの教育目的となる理想的な人間の特性に関する論究の前に、彼が考える理想的な人間像としての幸福な人間について明らかにしておこう。ラッセルは、一九三〇年の著作『幸福の征服』(*The Conquest of Happiness*)の終章で、「幸福な人間」(the happy man)について論じている。彼によれば、幸福な人間とは、自由な愛情と幅広い興味を持ち、宇宙市民のような客観的な生き方をする人間であり、死を生命の流れとして恐れない人間であって、客観的な興味と愛情の統一が自己と世界において結びつけられている人間である[23]。反対に、不幸な人間は、自己中心的な人間であり、自己否定をはじめ自己の性格自体において分裂し、装われた興味や自己愛に囚われた人間である[24]。したがって、ラッセルにおいては、自己中心的な情熱や考えに囚われない客観的な興味と愛を手に入れることが、教育の課題となるのである[25]。

このような特性を考え合わせながら、さらにラッセルが教育目的とする理想的な性格を形成するための四つの特性のそれぞれについて論究しよう。彼によれば、第一の特性である生命力は、精神的な特性というよりは生理的な特質であり、健康な時には常にあるものであって、就学前の子どもたちにおいて最高潮になり、老いると衰える限界のあるものであるが、すべての人たちが持つべき重要な特性なのである[26]。彼が生命力を重要と考えるのは、生命力は喜びを高め、苦しみを減少させるからであり、外の世界における興味や困難な仕事の力を促進し、人間の悲惨さのひとつの原因である嫉妬を防いで、自分自身の存在を楽しくさせるからである[27]。

第二の特性である勇気は、幾つかの形を持っていて複雑であるが、その一つは恐怖のないことであり、恐怖を支配する力である。ラッセルによれば、多くの研究者が指摘しているように、恐怖の多くは本能的であると考えられていたが、大きな音のように二・三の本能的な恐怖はあるけれども、大部分が経験や暗示によって生まれたものであって、子どもたちは年長者の恐怖に影響されるのであり、母親や乳母たちの臆病が暗示によって子どもたちに模倣されるのである。したがって、勇気は男性・女性を問わず、またあらゆる国々で啓発されることが望まれるのである[28]。

ラッセルによれば、勇気には健康と生命力が絶対条件ではないけれども、それらが非常に有益であり、緊急時においては実行手腕がまた望まれるのである。さらに、普遍的な勇気には、人生についての非個人的な観点を持った自尊心がより根本的なものとして必要なのである。この自己を超えた人生に対する観点とは、人間本性の内にある人類全体を包み込む愛と知識であり、それらが勇気のために最も要求されるものであって、そうした肯定的な勇気を、彼は理想的な人間の特性と考えるのである[29]。

第三の特性の感受性は、感情の世界に属するものであるが、感受性が望ましい特性であるためには、感情的な反応はある意味で「適切な」(appropriate)ものでなければならない。それは、例えば子どもが褒められたり、叱られたりするなかで、単なる快い感覚を超えて良く思われたいという、いわゆる社会的な承認の感情のようなものである。それは、快い行為への一つの刺激としてたいへん価値のある特性なのである(30)。

また、さらに望ましい感受性は「同情」(sympathy)であり、特に苦しんでいる人が特別な愛情の対象ではなくても同情を感じ、苦しみが現に感じられなくても起こっていることとして知るだけで感じるような同情である。具体的には、自分の息子や兄弟が戦争で死傷しなくても、戦争というものは死傷者が多く出る悲惨なものであると感じるようなことであって、自分と関係のある人の具体的な苦しみでなくても、抽象的に知ることから他者の苦しみを感じるような同情なのである。このような抽象的なことからでも同情できる感受性が、ラッセルにおいては教育されるべき重要で望ましい特性なのである(31)。

第四の知性という特性は第三の感受性という特性に関係し、その抽象的な刺激に対する感受性こそが知性にほかならないのである。ラッセルによれば、伝統的な道徳の大きな欠陥は知性を低く評価したことであり、キリスト教会は人々に徳以外は何ものでもないと導いたが、ギリシャ人は知性を低く見なかったのである。彼にとっては、知性がなくては進歩はないし、近代の世界も存続できなかったと考えられていて、知性を養うことが教育の主要な目的の一つと考えられているのである(32)。

知性は、ラッセルにおいては、事実の知識とその受容を意味するが、すでに獲得された知識よりも、むしろ知識を獲得することの才能を意味している。彼によれば、知識を獲得するには、ゴシップに興味を持つというような好奇心ではなく、心からの知識愛に鼓舞された正しい好奇心が基礎となる。また、そうした好奇心が実りあるものとなるためには、知識を得るための観察の習慣や認識が可能という信念と、またそのための勤勉さと忍耐が必要であり、とりわけ偏見を持たないという知的徳性が教育されなくてはならないのである[33]。

4　児童期の徳育

(1)習慣による性格形成

ラッセルは、新生児は反射作用と本能を持ち、習慣は持っていないが、しかし規則的に起こる諸経験から様々な期待を持つようになり、驚くほどの早さで習慣を獲得するので、これまで生後一年は教育の枠外とされてきたが乳幼児期の最初の習慣形成は極めて重要であると述べ、また早く身につけた習慣は後には本能と同様の力を持つので最初の習慣が重要であり、最初の習慣が良ければ後の限りない困難から救われると述べている。そして、彼は子どもが好かれる人となり、人生を成功裡に過ごすことができるような人間になるために、乳幼児期の習慣形成において考えなければならないこととして「健康」(health)と「性格」(character)の二つを挙げている[34]。

ラッセルによれば、乳幼児の健康のために必要なことはすべて為されなければならないが、乳幼児を甘やかさないことが必要であり、欲求の無視と充足の調和を取ることが重要なのである。例えば、乳幼児が風に曝されているときは抱き上げて温かくしなくてはならないが、しかし身体的原因が何もないときに泣くのは泣かせておくのがよいのである。乳幼児を甘やかし、乳幼児に自分が他の人たちの世界の中心であると思いこむ習慣をつけてしまうと、乳幼児は無能力で依存的になり、直ぐに暴君となってしまうからである(35)。

特に、ラッセルにおいては、乳幼児期の最初の一年で大切なことは、睡眠をはじめとして食事や排便などに決まった規則的な習慣をつけることであり、またわがままにさせないために幼児を褒めすぎたり、反対にむやみに叱ったりしないことである。なぜなら、乳幼児は、その脆弱性のゆえに安心を与えなくてはならないのであって、できる限り怖がらせてはならないからである(36)。

ラッセルは、子どもの恐怖には本能的な恐怖と親や乳母などの大人が教えて植え付ける恐怖があり、不気味なものに対する恐れ以外はほとんど後天的なものであると述べている。子どもは、教える者が恐れていないものは恐れないので、子どもを預かっている大人は恐れを子どもに感じさせないようにし、危険なものへの恐れについては合理的に理解させることが教育において極めて重要なことであると述べている(37)。

ところで、行動や行為における恐怖をなくす方法であるが、ラッセルは不気味な神秘への本能的な恐怖の原因は「迷信」(superstition)と「無知」(ignorance)にあるので、青年時代までに科学的な説明によって迷信を根絶しておくことが極めて望ましいと述べ、子どもが恐れるものでも、説明できるものは説明すると、かえって恐れが科学的な興味に変わったりすると述べている[38]。ただし、死の問題については、話題として持ち出さないで、子どもが話題にしたときは避けずに、「死は人々が目覚めることのない眠りである」と深刻にならずに述べるのがよく、またそれはありそうもないずっと先のことであると語るのが良い[39]と、彼は述べている。

このような特別な恐れとは別に、子どもには大人や年長者の抑圧による不安があり、大人がマナーなどを喧しく言って子どもの幼年時代を惨めにしていると、ラッセルは非難している。彼によれば、幼児期では人にひどい迷惑をかけない程度の、必要最低限のマナーを教えればよいのであって、それも抽象的な教え方をしないで、楽しいゲームのように他者と調和する具体的なかたちで教えるのが望ましいのである[40]。

(2)遊びの意義

ラッセルは、遊びを好むのは人間に限らずすべての幼い動物の特徴であり、幼い時代の活力のある要求でもあるので、遊びに伴う模倣とともにそうした機会を与えるべきであると述べ、すべての幼い動物は遊ぶことによって将来の活動の予行練習をしているのであると述べている。また、幼年時代の遊びの本能的衝動は、大人になりたいという欲求であり、力への意志であると、彼は解釈している[41]。

しかし、ラッセルにおいては、力への意志だけが子どもたちの遊びの源ではないが、子どもたちの本能的欲求が重視される。彼は、人の本能は倫理的には中性であり、環境によって悪にもなれば善にもなると述べ、良い教育によって本能を訓練し、洗練する技能を与えれば、人は道徳的になると述べている。まさに、ラッセルにおいては、教育は本能の抑圧にあるのではなく本能の洗練にあり、教授の秘訣も本能を有益に操ることができるような建設的な技能を与えることなのであって、道徳性の第一歩は建設的な喜びを経験させることなのである[42]。

ラッセルによれば、子どもの遊びには学び型と空想型の二つがあり、モンテッソーリ遊具が典型である前者の教育的な遊びが賞賛されるが、ラッセルにとっては、むしろ後者の遊びにおける「空想」(fantasy)や「想像」(imagination)が意味のあるものとされている。すなわち、彼によれば、幼年期における空想を殺すことは地上に縛られた被造物や存在するものの奴隷を作ることであり、天国を創れなくすることなのである。反対に、幼年期に想像力が適切に生き生きと刺激されたならば、それは後に大人になって相応しい活動ができるまで生き続けるのである[43]。このような生き生きとした建設的な想像力を子ども自身の努力によって獲得できるようにしてやることが、いわばラッセルにおける児童期の教育の要点なのである。

(3)徳育としての正義と思いやり

ラッセルは、教育を論じるのに個人の進歩に関心を置いて善い個人の形成について考察しているが、同時に個人の進歩と社会の改善は連携するものであると述べ[44]、個々の子どもと他の子どもとの関係における自我を問題にしながら、徳育としての正義や思いやりを論じている。彼は、子どもの衝動は、年長の子どもが小さい子どものおもちゃを奪って自分の楽しみを満たそうとするように、他者の楽しみを押しのけて自分のための楽しみを求めるものであるが、その際に叩いたりして罰したりしないで、正義や思いやりの観念を子どもの考えや習慣に植えつけることが大切であると述べている[45]。

ラッセルによれば、所有物の感覚は正義と緊密に結びついていて、子どものわがままな所有の欲求を放置すれば暴君となり、そうした所有物への愛着は大人になって多くのひどい害悪を生み出すので、できるならば子どもに所有の感覚を養わないようにしたほうが賢明なのである[46]。しかし、子どもに必要な所有物を与えないで、しみったれのようなひねくれた感覚を生み出さないようにする必要があり、自分の本を持つことで読書を刺激するような有益な活動を生み出すかたちで、私有物を持つことを許すのが良いのである。ある子のおもちゃを使って他の子が遊びたがっているときには、自分の自由意志で貸すような気前のよい感覚を鼓舞することで、思いやりの徳を獲得させるのが、ラッセルの徳育なのである。特に、他の子の邪魔をしたり、弱い者いじめをするような不正義が許されてはならないのであって、その際には次の項目で言及するような「穏やかな形の罰」(a mild form of punishment)が必要とされるのである[47]。

ラッセルは、正義に関する真の教育は他の子どもたちがいるところでのみできるのであって、不可能ではないが一人ぼっちの子どもに正義を教えることは難しいと述べ、それゆえに「保育学校」(nursery school)が唱道される理由であると述べている[48]。まさに、三歳の子どもが一歳の子どものより良いモデルになるように、正しい類いの性格を子どもに創出するためには他の子どもたちの助けがなくてはできないことが沢山あるのである。また、年下の子どもの存在は、年長の子に年少の子を手荒く扱ってはならないことや護ってあげることなどを教えるので、年少の子がいて初めて具体的な徳育が可能なのである[49]。さらに、対等の者に対する行動は、最も必要な学ぶべきことであって、従属的な役割における「協力」(cooperation)という教訓は、他の子どもたちから最も学ぶことができるのである[50]。

(4)正直と嘘と罰

ラッセルは、「正直」(truthfulness)という習慣は徳育の主要な目的と考え、嘘との関連で考察している。彼によれば、嘘はほとんどいつも恐れの産物であり、恐れなしに育った子どもは正直であろうし、道徳的な努力の善行ではなく、その子には他のことが思い浮かばないからである。嘘が起こり得るのは、子どもが大人の様子から恐れをかき立てられた結果なのであって、子どもは大人たちが嘘を言うのを知り、大人たちに本当のことを言うことが危険であると知って嘘をつくのであり、そうでなければ嘘をつこうとしないのである[51]。

したがって、子どもたちに嘘を覚えさせたくなければ、子どもたちに対して大人が正直であることが絶対不可欠なのであり、子どもに対する変わらない正直はさらなる信頼がその実りとして報いられるのである。特に、ラッセルは性に関することも嘘を言わないことが必要であり、子どもの無数の質問にはできるだけ多くのことを誠実に答え、子どもの知的好奇心を刺激するべきであると述べている[52]。

ラッセルにおいては、子どもが嘘をついたときに責められるのは、子どもではなく大人であって、子どもは罰せられてはならず、むしろ嘘をつかないことが良いということが優しく道理に従って説明されるべきなのである。反対に、罰することは子どもの恐れを大きくするだけで、かえって子どもが嘘をつく要因になると考えられているのである[53]。

ラッセルによれば、教育には罰はあるとしても極めて僅かな罰の余地しかないと述べていて、それは厳しいものではなく、例えば他の子どもたちの邪魔をいつまでもする子どもに対しては、モンテッソーリの実践方法を用いて、その子を他の子どもたちから離して一人にし、その子が他の子どもたちの楽しみを奪っていることを悟らせるといった穏やかな罰なのである[54]。ラッセルは、子どもを褒めたり叱ったりしないで教育ができるとは考えていないが、叱ったりする罰は穏やかな罰でなくてはならないし、「体罰」(physical punishment)は決して正しくないと考えている。なぜなら、体罰は、親と子どもの間の、同じく先生と生徒の間の、率直な信頼の関係を破壊するからである[55]。

5 児童期の知育

(1)知育の方法

これまで論じてきたように、ラッセルの教育論は第二部において六歳までの子どもの「性格の形成」ないし「徳育」に多くの頁が割かれていて、「知育」は同書の第三部において大学教育まで論じられているが、本章がラッセルの幼児や児童の教育思想を問題としていることから、ここでは一四歳以前の児童の知育の教育方法と教育内容に限定して論じることにする。

ラッセルは、知育の全般的な原理として、知育が道徳的な考慮によって影響されることは、知性にとって悪いことであると述べ、提供される知識は知的目的のために与えられるべきであり、特定の道徳的な結論や政治的結論のために与えられるべきではないと述べている[56]。すなわち、知育は性格の改善を教授目的とするのではないのである。しかし、知識の実りある探求においては、知知的徳性という非常に望ましい特質が必要であると彼は考える。ラッセルは、それらを「好奇心」(curiosity)、「偏見のなさ」(open-mindedness)、「忍耐」(patience)、「勤勉さ」(industry)、「集中」(concentration)、「正確さ」(exactness)であるとして、それぞれについて次のようにその意味を論じている(57)。

まず、「好奇心」であるが、ラッセルによれば教授の目的の一つは生徒の好奇心を満たしてやることであり、もう一つは生徒自身が好奇心を満たすために必要な技能を提供することである。また、彼はその具体的な方法として、好奇心が賞賛されるべきものであることと、学校のカリキュラムを妨げることのないような方法で、放課後に図書館の書物によって好奇心を満たすことが、少年少女に話されるべきであると述べている(58)。

そして、ラッセルは、子どもの好奇心が不健全な知識の興味に向かったとしても、それを道徳的な意味での罰で禁止したりせずに、むしろその興味がある知識を十分に子どもに与えることで逸脱を改善し、それが子どもの他の興味との関係で適切に位置づけられるようにするべきであると述べているのである。ラッセルにおいては、好奇心は禁じられる特質ではなく、むしろ知識の実り多い探究には望ましい特質なのであり、また前述したように彼の教育目的としての知性の基礎となる価値のある特質であって、若者の本性的な特性と捉えているのである(59)。

次に、「偏見が無い」ということであるが、ラッセルによれば、これは知識への欲求が本物であるところにはいつも存在する特質である。大人が特定の職業との関係で偏見を持ちやすいのに比べて、若い人たちには偏見は少ないが、むしろ彼らには公平に問題を考えるとともに、議論の結果では意見を変えることが奨励されるべきなのである[60]。

また、「忍耐」と「勤勉さ」については、外から無理に押しつけるのではなく、最初は子どもが成功の喜びを明らかに容易に得られるような困難さから、段階を追って根気強さの報酬を経験させることで可能にすることができ、知識は困難さを通して習得できるという信念が形成されるのである[61]。

さらに、「集中」についてであるが、集中の能力は、教育を通して以外には僅かな人しか獲得できない極めて価値のある特質であり、複雑で困難な課題を遂行する上で不可欠な特質である。十分な集中は長期間の知的教育がなくては獲得できないものであるが、幼い子どもも成長するにつれて自然に育つものである。しかし、完全な集中とは、強くて長く自発的でなくてはならず、そうした集中には自発的な強い興味の対象が必要なのである[62]。

最後に、「正確さ」についてであるが、正確さには様々なものがあって、身体を動かす際の筋肉の正確さ、美的評価の正確さ、事実認識の正確さ、論理的正確さなどがあるが、授業に関する正確さには発音の正確さや書く正確さと、楽器を扱う正確さなどがある。論理的な正確さは、成長してから獲得されるべきものであり、幼い子どもたちに強制してはならないものである[63]。

以上のような特質によって行われるラッセルの教育方法の原理は、子どもたちの自発性を尊重するという近代の教育観に基づくものであり、そのためにラッセルにおいては子どもたちの知識欲を刺激して彼らに発見の機会を与えることが要点であって、まさに「可能な限り、生徒を受け身ではなく、行動的にさせること」[64]なのである。

（2）知育の内容

ラッセルによれば、一四歳以前に学校で教えられることは、誰もが当然知っている諸教科の初歩だけでよく、専門化されたことは後で習得されれば良いのであって、それ以上のものは苦手な者たちに求めるべきではないのである。したがって、教える教科の順序は、難易度の比較によって最も易しい教科から自然に教えることが決められるべきなのである。ただし、少年少女のなかに特別な才能を発見することも一四歳以前の教育の目的の一つであり、そうしたものがあればその後において注意深く発達させなくてはならないのである[65]。

まず、読み書きについては、子どもは五歳になる頃までにモンテッソーリの学校（幼稚園……引用者註）において、絵を描いたり歌ったり踊ったりすることで感覚による認知の正確さや集中力を学び、読み書きを経験するであろうし、その後もさらに教えることが必要であろうと、ラッセルは述べている。しかし、算数は子ども時代には化け物のようなものであり、興味が出るようにカリキュラムに組み込むには幼児学校の教科のなかで算数が最も厄介なので、モンテッソーリの教育用具でやるように慎重に順序づけを行い、一度に多くの時間を算数に割り当ててはならないのである[66]。

次に地理と歴史であるが、ラッセルによれば、地理の事実の知識は役に立つが、本質的に知的な価値を持たない。しかし、それが写真によって生き生きと補強されると子どもの想像力に糧を与えるという長所があるので、子どもの教育には地理が多く当てられるのが良い。また、子どもは地理が旅行の観念と結びつけられると直ぐに興味を持つことから、地理の教授には旅行の話や写真と映画によって教えるのが良い[67]。

しかし、歴史は、子どもが時間の観念が未発達なので五歳頃から始めるのが適切であり、最初は絵入りの有名な人物の物語から始めるのが良い。そして、子どもが六歳から一〇歳になる頃には映画や写真を使って世界史のアウトラインが理解できるようにしたら良いし、その際には人類の統一概念として、原始の火の発見から農業の発達や人類の理性の灯と暗黒を、つまり科学や学問の進歩と迫害や戦争の残酷さも隠すことなく教えることで、人類の尊厳と素晴らしい運命の概念を形成することができるのである[68]。

一方、ダンスと歌は、大体において子どもに楽しみや喜びを与えるものなので、低学年から教えられるべきであり、またダンスは子どもの身体に良く、美的感覚の訓練にも良いからである。しかし、歌はダンスのように体を動かす楽しみが少ないし、またその基本も難しいので、ダンスの少し後にするのが良い。そして、ダンスや歌は、いずれも子どもに強制しないで、子どもの自発性から行われるようにする必要がある[69]。

ラッセルによれば、文学教育での文学についての切れぎれの知識は価値のないものであるから、幾つかの名作に親しませるのが良い。また、名作に親しむことで、その文や考えの型から影響を受けるし、書いたり話したりする言葉の美しさが得られるという良い影響がある。ラッセルは、近代の教育家たちや心理学者が効果が少ないとして無視した「暗記」（memory）を必ずしも否定していない。特に、彼は、幼い子どもたちへの文学教育は暗記と演技の結びついた演劇のみを奨励し、それ以外は図書館の良い物語を読むことで良いとしている。良い物語や本とは、ラッセルにおいては「大人のために書かれたけれども、子どもたちにたまたま適している本である」[70]。

ラッセルは、現代語としての外国語は、大人になれば習得が難しくなるので、幼年期から教えることが良いと考える。すなわち、子どもは以後のどの時期よりも時間をかけずに外国語を習得できるからであって、母国語が損なわれるという理由で避けられるべきでなく、むしろ早くから複数の言葉を習わせた方が良いのである。その際、外国語の教師はそれを母国語とする人が良く、また方法としては子どもと外国語で遊戯をしながら学ぶようにしたら良いとしている[71]。

さらに、ラッセルによれば、数学・代数と幾何や科学・物理と化学の教育は、大体の子どもが好きでないけれど、その初歩を一二歳頃から始めるのが良い。数学は、音楽の才能と同じようなもので、そうした才能があるかどうかは一四歳位までで分かるものではないが、数学や科学に対する感覚があるかどうかが分かるまでは教えるべきなのである。それは一二歳から一四歳までにラテン語を教える古典学にも言えることであるが、ラッセルにおいては、数学や科学に対する生徒の興味や能力が分かれば、それに応じて若干は専門化しても良いと考えられているのである[72]。

6 評価

これまで述べてきたように、ラッセルにおいては、教育は子どもの本能を抑圧したり規制することではなく、徳育において正しい習慣と正しい技能を身につけてやることによって、子どもの望ましい行動を促してやることことなのである。また、知育においては、子どもの自発性を尊重しながら子どもの前に自由な知的世界を開いてやり、知的な好奇心や冒険心を刺激して子どもの可能な限りの知性を引き出し育成してやることなのである。

ラッセルが『教育について』を上梓した翌年の一九二七年に、ドーラ夫人と設立して自分の教育論を実践したビーコン・ヒルの学校 (Beacon Hill School)[73]は、主な強調点が抑圧の忌避と自由であり、後にはしぶしぶであったがラッセルが子どもたちに授業を課す規則を断念したほど自由であった[74]。しかし、彼はこれまで述べてきたように、子どもは五歳になれば読み書きを習っておくべきであると考えていたので、その際に子どもの興味や自発性を尊重させていたのである。すなわち、ビーコン・ヒルの学校設立の動機となった二人の子どものうち、娘であるキャサリンは自らの受けた教育を回想して、ビーコン・ヒルの学校では子どもたちの好奇心をあらゆる意味で促進するために質問の自由が完全にあり、質問はすべて正確に答えられただけでなく、授業は子どもたちの知識欲から行われる必要があったと述べている[75]。

また、キャサリンによれば、ビーコン・ヒルの学校では、子どもたちは大人の命令による強制ではなく、愛情深い賢明な大人の勧告によって正しいことを理解して正しい精神的、身体的習慣を身につけることが期待され、人が見ていなくても正しい行動を自ら律するように期待されていた[76]。特に、ラッセル夫妻は「自由と学習の結合」(combination of freedom and learning) した教育を施すことをビーコン・ヒルの学校の理想とし、科学実験の授業は秘密を発見してそのトリックを実際に使うことが許されたので、マジック・ショーのように面白かったし、学習時間が退屈であったことは思い起こせないと、彼女は述べている[77]。

このような子どもの好奇心や興味を重視し、子どもの本性や自発活動性を尊重するラッセルの教育活動が「新教育」の立場であることは、これまで論及されてこなかった。教育史上では、僅かに長尾十三二著『西洋教育史』において、英国での新教育の実践としてニール (Alexander S. Neill, 1883-1973) のサマー・ヒル学園との関連で、同学園を参考に「バートランド・ラッセル夫妻がビーコン・ヒルの学校を創設したことも注目しておきたい。ともに……個人の自律的活動の自由を保障することが真の平等(秩序)と幸福を社会にもたらすという考え方に立つものであった」[78]と言及されているのみである。

ところで、我が国におけるラッセルの教育思想の研究書は、柴谷久雄著『ラッセルにおける平和と教育』と高田熱美著『ラッセルの教育思想研究』がある。しかし、両書ともラッセルの人間論や倫理社会思想と平和思想との関連における教育思想研究であり、ビーコン・ヒルの学校での教育には言及しているが、ラッセルの幼児教育の特質にはほとんど論及していない。しかし、これまで究明してきたように、ラッセルの幼児教育思想は、彼が活躍した時代に最盛期にあった近代教育思想を継承する「新教育運動」の系譜に属する教育思想にほかならないのである。すなわち、ラッセルは、ロックの訓育における習慣説を継承し、また批判的であるが近代教育思想やその祖であるルソーを踏まえながら、同時代の新教育運動の著名な教育家モンテッソーリの教育法を評価してしばしば言及していることが、そのことを物語っている。

また、ラッセルが一九二七年に設立したビーコン・ヒルの学校は、英国やアメリカの進歩的な教育家に知られ、初等教育の権威者もラッセルが行おうとしたことが大変成果あるものとして遂行されたと評価し、また彼の影響が続くことが期待され、さらに広がって盛んになることが望まれると評価しているのである[79]。まさに、ラッセルのビーコン・ヒルの学校での実験的な教育活動は、デューイ (John Dewey, 1859-1952) やモンテッソーリの教育活動に並ぶ新教育の活動であったと言えるのである。

註

（1）Alan Wood, *Bertrand Russell, The Passionate Sceptic*, George Allen and Unwin, London 1957, p.15.『世界の大思想』第二六巻所収、市井三郎「ラッセル年表」中央公論社、一九六八年。

（2）Katharine Tait, *My Father Bertrand Russell*, Harcourt Brace Jovanovich, New York and London 1975, p.38.

（3）金子光男著『ラッセル』清水書院、一九六八年、一九七九年八刷所収「ラッセル年譜」。

（4）Katharine Tait, pp.69f..

（5）Bertrand Russell, *Portraits from Memory and Other Essays*, George Allen and Unwin, London 1956, p.14.

（6）（7）Bertrand Russell, *On Education*, George Allen and Unwin, London 1926, 12ed., 1957, p.11f..

（8）（9）（10）ibid., p.33.

（11）ibid., p.35.

（12）ibid., p.30.

（13）ibid., p.29f..

（14）ibid., p.27f..

（15）ibid., p.33.

（16）ibid., p.36.

（17）ibid., p.34.

（18）ibid., p.69f..

（19）cf., ibid., p.71, p.79, p.72f..

（20）cf., ibid., p.72, p.79.

(21) ibid., p.48.
(22) cf., ibid., p.65.
(23) Bertrand Russell, *The Conquest of Happiness*, George Allen and Unwin, London 1930, 12ed.,1956, p.243, p.247f..
(24) ibid., p.244.
(25) ibid., p.242.
(26) (27) Bertrand Russell, *On Education*, p.48f..
(28) ibid., p.49ff..
(29) ibid., p.53f..
(30) ibid., p.55f..
(31) ibid., p.56.
(32) ibid., p.58f..
(33) ibid., p.59f..
(34) ibid., p.70f..
(35) ibid., p.72f..
(36) ibid., p.76ff..
(37) ibid., p.83f., p.86.
(38) ibid., p.92f..
(39) ibid., p.94.
(40) ibid., p.94f..
(41) ibid., p.97f..

(42) cf., ibid., p.99, p.102, p.108, p.110.
(43) cf., ibid., p.99, p.101ff..
(44) ibid., p.107.
(45) ibid., p.117ff..
(46) ibid., p.121.
(47) ibid., p.123f..
(48) ibid., p.118f..
(49)(50) ibid., p.143ff..
(51) ibid., p.125f..
(52) ibid., p.127, p.130.
(53) ibid., p.127ff..
(54) ibid., p.134ff..
(55) ibid., p138, p.140f..
(56) ibid., p.190.
(57) ibid., p.192.
(58) ibid., p.190.
(59) ibid., p.192f..
(60) ibid., p.193f..
(61) ibid., p.195.
(62) ibid., p.194.

(63) ibid., p.197f..
(64) ibid., p.203.
(65) ibid., p.205.
(66) ibid., p.205f..
(67) ibid., p.207.
(68) ibid., p.208f..
(69) ibid., p.210.
(70) ibid., p.210ff..
(71) ibid., p.212f..
(72) ibid., p.213ff..
(73) Joe Park, *Bertrand Russell on Education*, George Allen and Unwin, London 1964, p.37.
(74) cf., Alan Wood, pp.159.
(75) (76) Katharine Tait, pp.73f..
(77) ibid., p.83ff..
(78) 長尾十三二著『西洋教育史』、東京大学出版会、一九七八年、一九九四年二版二刷、二五三頁。
(79) Jeo Park, pp.128f..

補遺　子どもの権利論の系譜と展開
―エレン・ケイとヤヌシュ・コルチャックを焦点として―

1　緒言

二〇世紀、世界は二度の大戦を経験し、その反省から国際連盟や国際連合を組織し、曲がりなりにも世界の子どもの福祉や教育と権利についても論議してきた。すなわち、第一次世界大戦後の国際連盟は一九二四年九月二六日の総会で「児童の権利に関するジュネーブ宣言」（以後通称の「ジュネーブ宣言」と表記）を採択し、またイギリスではオウエン（Robert Owen, 1771-1858）以来の児童福祉の伝統から、一九三三年に児童虐待防止の強化を図った「児童青少年法」が成立した。

第二次世界大戦後では、一九四六年にユニセフ（国際連合児童緊急基金）が組織され、その活動は今日でも世界の恵まれない子どもたちの福祉と医療のために尽力している。日本では、一九五一年五月五日の「子供の日」に、すべての児童の幸福を図るために「児童憲章」が制定された。また、国際的には一九五九年一一月二〇日の第一四回国連総会において「児童の権利に関する国連宣言」（以後通称の「児童権利宣言」と表記）が採択されている。そして、一九七九年に「国際児童年」が定められ、一九八九年一一月二〇日の第四四回国連総会では「児童の権利に関する条約」（以後通称の「子どもの権利条約」と表記）が採択され、国際条約として各国政府に義務づけられた。我が国も、一九九四年に「子どもの権利条約」を批准して、今日に至っている。

このように国際機関で子どもの権利が謳われてきた過程において言えることは、その時期が戦争の惨禍を経た後であり、戦争によってその禍いを最も被るのが子どもであったということが契機となっているのである。しかし、子どもの尊重や権利が日の目を見るまでには、その基盤となる先駆的な思想的背景があったのであり、その文脈において理解されなくては子どもの権利論も浅薄となり、単なるお題目に終始することになる。すなわち、第一次世界大戦後の一九二四年に「ジュネーブ宣言」が成立するが、それ以前の一九世紀最後の年である一九〇〇年に「二〇世紀は児童の世紀」であると論じたスウェーデンの社会評論家ケイ（Ellen Karolina Sofia Key, 1849-1926）女史の子どもの権利論が広く世界に影響を与え、そのことが同宣言の成立を促したと言えるのである。また、ポーランドの小児科医で児童作家であったコルチャック（Janusz Korczak, 1878-1942）の子どもの権利論も、「ジュネーブ宣言」の影響を受けながら迫りつつあった第二次世界大戦前の一九二八年に記され、大戦後に評価されている。そして、第二次世界大戦後の一九五九年には、「児童権利宣言」が採択されているが、その精神を踏襲して一九八九年に国連で採択された「子どもの権利条約」は、その提案国でもあったポーランドのコルチャックの子どもの権利論が先導的役割を果たした[1]のである。

そこで、エレン・ケイの著作『児童の世紀』(*Barnets arhundrade・Das Jahrhundert des Kindes・The Century of the Child*) とコルチャックの著作『尊重すべき子どもの権利』(*Prawo dziecka do szacunku・Das Recht des Kindes auf Achtung・The Child's Right To Respect*) における子どもの権利論の主旨をそれぞれ明らかにし、その各々の意味とその影響を論究しよう[2]。

2　ケイの子どもの権利論

エレン・ケイは、『児童の世紀』の「教育」の章において、子どもの本質は大人と同等なのに、大人は子どもを下僕のように扱い、子どもに自分の意志を持たせていないと述べている。彼女によれば、子どもの性格のなかには未来を志す力が潜んでいて、また子どもの過ちのなかにも善に対する不朽の芽が包まれているので[3]、「『悪い子』であることも子どもの権利であり」[4]得ると論じている。

このケイの児童観は、子どもは大人と同じ人格のある存在であり、子どもが持っている本性は本質的に善であるとする思想である。彼女は、この性善説的な児童観に立って、同時代の教育者たちはこれまでの古い人間観や性悪説に囚われて子どもを支配し抑圧している[5]と、批判している。彼女によれば、子どものどのような過ちも道徳的行為の萌芽を含んでいるので、子どもの自然の本来的な活動を助け、配慮することが本当の教育であり[6]、反対に子どもの本性を抑圧するのは教育上の罪悪なのである[7]。

さらにエレン・ケイは、教育においては子どもの本性・「自然を自然のあるがままに任せ、自然本来の仕事を助けるために周囲の状態に気を配る」[8]ことが必要であり、「子どもが他人の権利の境界を越えない限り自由に行動できる世界をつくってやる」[9]ことが必要であると述べている。彼女にとって、「子どもを教育することとは、子どもの精神を子ども自身の手のなかに握らせ、子どもの足で子ども自身の細道を進ませるようにすることであり」[10]、子どもの本性を無くすようにするのではなく、それを高めることが教育の目的でなければならないのである[11]。彼女によれば、親は子どもの生活に干渉する努力を百分の一にとどめ、残りの九九パーセントを干渉ではない控え目な指導に用い、子どもに経験をさせることで子ども自身が結論を引き出せるように仕向けるべきなのである[12]。

また彼女は、子どもへの接し方として、「子どもと遊べる者だけが、子どもに何かを教えられる」というスタール（Anne L. Germaine de Staël, 1766-1817）夫人の言葉を引用し、自分が子どものようになることが子どもを教育する第一条件であると述べている。子どものようになることとは、エレン・ケイによれば子どもらしく装ったり、ご機嫌取りのおしゃべりをすることではなく、子どものような無邪気さで子どもに接し、大人に示すと同じような思いやりと信頼を子どもに示すことであり、ずるさや力ではなく、子どものようなまじめさと誠実さで子どもに接することなのである[13]。

これとは逆に、世の親や教師たちは子どもを理解せずに、ただ自分たちのレベルから子どもに対しているると、エレン・ケイは批判する。すなわち、親はひたむきな親心や熱意からなのであるが、子どもの固有の世界に干渉し、子どもを小さな人間の素材として型にはめようと矯正したり、子どもが好きなことや望むこととは違った方向へ引きずっているると、批判しているのである。また彼女は、教師たちはややもすると子どもの考え方や意見を歪めたり、人の前で子どもの過ちを暴露して咎め、子どもの繊細な感情を傷つけている[14]と、批判するのである。

このように、エレン・ケイが子どもの教育を論じるのは、大人の勝手な過保護や残酷な行為から子どもを解放するためであり、子どもの教育では直接介入をできるだけ避け、子どもを平安で自由にするためなのである[15]。彼女によれば、禁止と統制は子どもを不誠実にし、また虚弱にさせるので、子どもの育成では子どもが自分で楽しみを作り出し、自分の行為に責任を持つようにさせることが必要であり、親や教師たちは子どもの行為に注意深く気を配るべきなのである[16]。

したがって、ケイによれば、教育する者は肉体的にも心理的にも子どもの権利が存在する境界を超えて踏み込まないように自己抑制し、子どもをボールのように大人の手中で弄んだりせず、また子どもに命令を押しつけたりしないで、自発的に振る舞わせるべきなのである[17]。特に、彼女においては、子どもは大人と同様に権利を持っているので、子どもに他人を尊重するように教えるのと同様に、大人が子どもを尊重することが必要なのである[18]。

ところで、子どもの権利に関する問題が注意を引くようになったのは、エレン・ケイによれば一八〇〇年代であって、オウエンが一八一五年に行った児童労働に関する調査からである。すなわち、一九世紀初頭のイギリスでは八歳以下の子どもが一四時間から一五時間も働かされ、労働に従事した子どもの四分の一か、五分の一が心身を蝕まれているという事実からである[19]。

周知のように、イギリスから始まった産業革命はヨーロッパ各国に波及し、貧しい家庭では生活の糧を得るために主婦や子どもが紡績工場で働くようになり、一五時間前後の長時間労働に従事していた。そのような状態について、エレン・ケイは、家事労働と育児が女性に負担となっているので、女性の夜間労働や坑内労働は危険であり、成人女性にとっても八時間労働が妥当である[20]と、卓見を述べている。また、ケイは、親が外で働いている間に子どもはひとり置き去りにされ、窓の外や炉の中に落ちるなどの問題があり、暗い地下室での子どもの生活は目が悪くなると指摘し、さらに親の飲んだくれや精神的不安定から子どもが犠牲にされ、子どもが親の虐待を恐れて自殺する悲惨な状態を問題としている。そして、彼女は、大都会の路地や大工業地帯は陽光が乏しく、空気が汚染されているため、子どもの出生と育つ条件が踏みにじられていると、母性の保護と子どもの生存の権利を主張しているのである[21]。同時に、彼女は、子どもたちは早くから学校から引き離され、工場労働で力を磨り減らす生ける機械となり、自分たちの生活の改善を試みようとしなくなっている[22]と指摘している。

他方で、エレン・ケイは、児童労働から生じる子どもの非行について、次のように述べている。すなわち、非行を生んだ原因や環境をそのままにしておいて、非行児を補導しても更生は不可能であり、なぜ非行が生まれるのかを、問題とするべきであるとしている。彼女によれば、子どもと母親の労働は低賃金のため、衣食住が十分に確保できず、肉体および精神の疾病の誘因となり、また母親の家庭外労働が家庭と育児をおろそかにさせ、子どもの非行や夫との不和を生じさせているのである[23]。まさに、彼女が述べているように、子どもを非行に陥らせる環境を作っておきながら、社会が子どもを正しい道へと追い立てるのは、目玉をくり抜いておいて道に迷ったと鞭で打つ暴君と同じようなものなのである[24]。

このような子どもの状態に対して、エレン・ケイは子どもの守護神・神は一体どこにいるのかと嘆息する[25]。しかし彼女は、そのような危険から子どもを救うには神の摂理に期待するのではなく、社会福祉当局が疾病や非行や犯罪の予防にすべてのエネルギーを傾倒することが必要なのであり、社会のなかで保健サービスと精神的サービスが重要な位置を占めるようにならないと不幸は拡大して取り返しがつかなくなる[26]と、警告するのである。そして彼女は、社会があらゆる無防備な者を保護し、悩む者をなくすことが第一の任務であると認識し、子どもに対する社会の義務遂行の責任を果たさなくてはならない[27]と、提言しているのである。

したがって、エレン・ケイにおいては、子どもたちの心身は一五歳までは本来の教育のために学校とスポーツやゲームに活用され、労働能力は職業学校や家庭の仕事で訓練されるべきであり、子どもは工場労働に従事させるべきでなく[28]、むしろ工場労働と街頭労働が子どもたちの肉体的、道徳的退廃の原因になっていることから、児童労働を禁止すべきなのである[29]。確かに、スウェーデンでは一八七五年に若年者の労働問題が調査され、その結果一八八二年に児童労働を制限する法律が施行されたが、その法律には不備があり、法律違反も多かったことから、彼女は新世紀においては児童労働の法律的不備と女性の労働を保護する法律が論議されて施行されるべきであると述べ、一五歳以下の子どもの労働はすべて止めさせるべきであると提言しているのである[30]。

このような子どもの保護論や権利論の一方で、エレン・ケイはさらに次のような母子・親子関係における子どもの権利論を展開する。すなわち、彼女は「子どもの第一の権利は親を選ぶことである」[31]と論じ、子どもには親の欠陥や過ちのゆえに苦しめられてはならない権利があると論じている[32]。彼女によれば、「子どもの第一の権利とみなされなければならないのは、子どもは不調和な結婚からは生まれてはならないということ」[33]であり、誰もが自分と子どもが重大な結果を招くような結婚をすべきではないのであって[34]、新しい生命は夫婦の優しさや健やかさと調和や幸福のなかで生み出されなくてはならないのである[35]。

ケイによれば、精神的に病む人の多くは、出生時や幼児期の家庭の状態に何らかの問題があったことが多く[36]、そのためにも親が冷淡な心情で子どもを生むことは、子どもに過ちを犯すことになり、その過ちは新しく生まれてくる子どもに植え付けられてしまうのである[37]。それゆえ、子どもを確実に保護するためには、結婚生活に入る方法と年齢と動機を考えることである[38]と、彼女は論じている。そして彼女は、捨て子や子殺しと児童虐待に対しては刑罰や親権の取り消しなどがあるが、その前に子どもに行使される親権をもっと制限すべきであり、怠慢な児童扶養義務者には警告を与えるべきであると、述べている[39]。

さらに、離婚などで子どもの帰属が問題になったときは、その最終決定権は父親ではなく、母親に与えるべきであり、母親が子どもの養育能力が無いと証明されない限りは、母親が子どもを引き取る権利を持つべきである[40]と、エレン・ケイは述べている。また彼女は、離婚に際して、父親の姓と同様に母親の姓を名乗ることも子どもの権利として許されるべきであると述べ[41]、一人ひとりの子どもが父と母の双方に対する同じ権利を持たない限り、将来の道徳の基礎は築かれない[42]と、子どもの親を選ぶ権利と子どもの道徳的成長の権利を唱道しているのである。とりわけ、エレン・ケイにおいては、「全生涯を通じて子どもの時代ほど平和を必要とする時期は絶対にない」[43]と断言され、平和のなかにこそ子どもの幸福が見出されると、子どもには平和がことさら必要であると捉えられているのである。

3　ケイの子どもの権利論の展開

これまで述べてきたエレン・ケイの子どもの権利論や福祉論をまとめれば、「子どもは大人と同様に権利を持っている」という前提のもとに、「子どもの生存の権利」をはじめ「子どもが親を選ぶ権利」と「肉体的、道徳的退廃をもたらす児童労働の禁止」、そして「子どもの道徳的成長の権利」や「自由に行動できる権利」を認め、「過ちも子どもの権利である」とし、「肉体的にも心理的にも子どもの権利を尊重する教育」などが、彼女の子どもの権利論の内容と意味なのである。

他方、ケイの子どもの権利論の後に国際連盟で採択された「ジュネーブ宣言」は、すべての国が児童に対して最善のものを与えるべき義務を負うことを認め、人種、国籍または信条に関わりなく、すべての児童に以下の諸事項を保障すべきことを人類の義務として宣言している。すなわち、「児童は、身体的ならびに精神的の両面における正常な発達に必要な諸手段を与えられなければならない。飢えた児童は食物を与えられなければならない。病気の児童は看病されなければならない。発達の遅れている児童は援助されなければならない。非行を犯した児童は更生させられなければならない。孤児および浮浪児は住居を与えられ、かつ、援助されなければならない。児童は、危難の際には、最初に救済を受ける者でなければならない。児童は、生計を立て得る地位におかれ、かつ、あらゆる形態の搾取から保護されなければならない。児童は、その才能が人類同胞への奉仕のために捧げられるべきである、という自覚のもとで育成されなければならない。」というものである。

この「ジュネーブ宣言」における「身体的ならびに精神的の両面における正常な発達に必要な諸手段を与えられなければならない」は、エレン・ケイが説く「肉体的にも心理的にも子どもの権利を尊重する教育」を意味する。また、「飢えた児童は食物を与えられなければならない。病気の児童は看病されなければならない。児童は、危難の際には、最初に救済を受ける者でなければならない。」や「孤児および浮浪児は住居を与えられ、かつ、援助されなければならない。」は、彼女が強調する「子どもの生存の権利」であり、そして「生計を立て得る地位におかれ、かつ、あらゆる形態の搾取から保護されなければならない。」は、ケイの「肉体的、道徳的退廃をもたらす児童労働の禁止」を表明している章句であって、さらに「発達の遅れている児童は援助されなければならない。非行を犯した児童は更生させられなければならない。」という章句は、彼女の言う「過ちも子どもの権利である」の別表現と考えられるのである。

そこで、エレン・ケイの子どもの権利論と国際連盟の「ジュネーブ宣言」を比較して論究すると、一九一四年から一九一八年の五年間に亘る第一次世界大戦を経た一九二四年の「ジュネーブ宣言」は、ケイの『児童の世紀』の二〇年余り後のことであるが、同宣言にはケイの子どもの権利論が反映され、盛り込まれていると考えられるのであり、いわば国際連盟の「ジュネーブ宣言」はエレン・ケイの子どもの権利論の展開と言えるのである。

その論拠として、『児童の世紀』は初版が二五〇〇冊出版された程度で当初の評価は国内に限られたものであったが、一九〇二年にドイツ語訳が出版されて高い評価を得るなかで、一九〇九年までに九カ国語に翻訳されるほど世界各国で読まれ、特にドイツ語版は初版の一〇倍の二五〇〇〇冊も出版され、一九二六年までに三六版が出版されている[44]。また、一九一一年と一九二七年には改訂版が出版され、その後一一カ国語に翻訳されて読まれた事実があり、彼女の子どもの権利論が広く世界各国の有識者層や国際機関の指導者層に認知されていたと考えられるからである。

4　コルチャックの子どもの権利論

ヤヌシュ・コルチャックは、本名はヘンリク・ゴルトシュミット(Henryk Goldszmit)と言い、一八七八年(一八七九年という説もある)七月二二日ワルシャワで生まれた[45]。父親はユダヤ系ポーランド人で裕福な弁護士であったが、コルチャックが人文ギムナジウムを終える頃に亡くなったため、彼は苦学してワルシャワ大学で医学を学び、かたわら文芸活動をするなかで児童文学作家としての評価を得るとともに、医学博士号の取得後に小児科医となった[46]。彼は一九一一年から孤児院長となり、その後長くユダヤの孤児たちの父として教育に従事した[47]。一九三六年九月一日、第二次世界大戦勃発の契機となったナチス・ドイツのポーランド侵攻により、ドイツ第三帝国総統ヒトラー（Adolf Hitler, 1889-1945）の指令でユダヤ系ポーランド人の迫害が始まり、一九四〇年一〇月二六日コルチャックはユダヤ系であるため、彼の孤児院の子どもたちとともにワルシャワのゲットーに移された。そして、一九四二年八月の初旬に彼の孤児院も「ユダヤ問題最終解決」（Endlösung der Judenfrage）の対象となり、八月八日ヒトラー総統の「親衛隊」（Schultzstaffel Truppen）によって彼は二〇〇名の子どもたちとともに抹殺収容所の「トレブリンカ強制労働収容所」（Arbeitslager Treblinka）に連行され、虐殺されたのである[48]。

このような経歴を持つコルチャックが有名になったのは、彼の児童作家としての作品や著作だけでなく、第二次世界大戦後にナチス・ドイツのユダヤ人大殺戮・ホロコーストが問題となり、その最大の被害国ポーランドにおいてコルチャックが子どもたちとともに強制収容所で虐殺されたという事実が明らかになったことからである。その後、彼を主人公にした演劇が世界の各地で上演され、またポーランドの著名な映画監督ワイダ（Andrzej Wajda, 1926-）によって一九九〇年にポーランドと西ドイツとフランスの合作で「コルチャック先生」として映画化されたことが一段と彼の名を高めたとも言える。とりわけ、冒頭の註（1）で記したように、「子どもの権利条約」発案の内容となった子どもの人権の唱道者の一人にコルチャックが挙げられ、彼の祖国ポーランドが同条約を国連で提案する動機となったのである。そして、条約採択後、子どもの権利についての関心が世界の多くの国々において高まり、コルチャックはその子どもの権利論とともにさらに評価されることになったのである。

ところで、コルチャックの子どもの権利論と言うべき『尊重すべき子どもの権利』は、彼が一九二六年から一九二八年にかけて行った三つの講義草稿──三つの講義草稿とは、一九二六年の春にポーランド初等学校教員連盟の特殊学校部によって計画された「子どもの権利」をテーマとする討論の夕べでの一連の講義草稿と、一九二七年二月九日から四月九日の二ヶ月の間に彼が行った社会福祉施設の教師のための継続教育での「個人としての子どもの権利」をテーマとした講義草稿および一九二七年から一九二八年にかけて彼が関与したポーランド児童保護委員会によって催された公開事業の委託「ハンデキャップのある子ども」に関する一連の講義草稿である[49]──から完成させたもので、「子どもの権利」を表題にした論考としては最初の論考であり、古典に属するものと言える。同書は（一）「軽蔑─不信」（Missachtung ─ Misstraung）（二）「嫌悪」（Unwillen）（三）「尊重すべき権利」（Das Recht auf Achtung）（四）「子ども自身であることの子どもの権利」（Das Recht des Kindes zu sein, was es ist）から構成され、本論は（三）（四）であって、（一）（二）はその序論として親や教育に当たる者の子どもに対する姿勢の反省と、コルチャックの子どもの存在そのものについての認識が記されている。

コルチャックは、まず我々大人は子どもが弱く未成熟な存在であるのを考えずに服従させ、繊細な子どもを強制して惨めにしていると論じる。すなわち、我々大人は子どもが重要なものとそうでないものとの区別ができず、大人の生活の大変さを子どもが知らないとして、子どもの疑問や意見や異議を軽視していると言うのである[50]。また、子どもの存在は神と法の下で価値があるが、大人から見れば子どもは物事を知らない未熟で小さい将来の市民でしかなく、「考え、知り、理解せよ」[51]と子どもを勉強させるが、それは我々大人が子どものなかに望むことだけを見ているからであって、むしろ我々が思い違いをしているのではないのか[52]と、コルチャックは自問自答している。

一方で、コルチャックは、彼の孤児院での子どもの観察から、子どもは無思慮ないたずらや意味もない突飛な行動と気まぐれから暴発し、幼稚であてにならない気まぐれな存在であって、従順で無邪気に見えるが実際はずる賢くて油断できず、嘘をつき隠しごとや言い逃れをすると述べ、そのような子どもを我々はどのように大目に見ることができるのか、否むしろ子どもは軽蔑と不信と疑いや非難を起こさせる存在であると、自問的に述べている[53]。他方で、我々は子どもたちを愛しているのであり、子どもは希望や喜びと安らぎであり、我々の生活の光の極致であると述べている。しかし、同時に親や我々は子どもを負担や邪魔と感じたりするが、愛している子どもを嫌悪するのは何に原因するのであろうか[54]と、親や大人の子どもに対する嫌悪感をさらに問題とするのである。

コルチャックによれば、親が子どもを負担に感じ、邪魔で嫌な存在と感じるのは、親の家庭生活の不安定や出産に伴う心身の不調と慣れない育児の負担や束縛からなのである。また、子どもが成長すると、親が願うような子どもになるのは稀であって、しばしば親は失望感を味わうことになる。

しかしながら、我々親は辛抱しなくてはならないと、彼は言うのである。親からすれば、子どもは我々親に感謝する義務があるが、むしろ子どもは年を重ねるに従って親が望んでいる期待から外れ、親の望みと子どもの現状との距離は広がっていくのである。そのような状況のなかで、親は子どもへの不信や嫌悪の解決を学校に依存し、子どもを教育の経験者や専門家に委ねることになるのである[55]。

ところが、コルチャックの認識においては、教師と子どもの関係は親ができなかったことを期待するにはほど遠い実態なのである。すなわち、子どもの落ち着きのない騒がしさや、好奇心と質問は教師をうんざりさせるし、疑問としばしば惨めな結果となる試みは教師を疲れさせ、そのことで教師は子どもを見下し、子どもに対する不信や疑いを持ち、それが容赦のない追求や非難と告発になって子どもを罰することになる[56]。そのような厳格な規律に対して、子どもは徒党を組んで暴力的になり、子どもでもなければその本性でもないようなひどい脅迫によって刃向かうのである[57]。

コルチャックによれば、教師が子どもたちに一つの方向を強いると、子どもたちの反動は厳しいものとなり、教師自身をも誤った道に歩ませることになる。そこで、コルチャックにおいては、教師は子どもをおとなしくさせるために子どもを叱りつけないことが要求されるのである。また、彼の教師としての長い経験からすれば、子どもは尊重や信用と愛着に値し、情の深い暖かい雰囲気、愉快な笑い、生き生きとした努力や疑問、純粋で曇りなく愛嬌のある喜びなど、教職は子どもと共感できる創造的で美しい仕事なのである。

このような教師や親たち大人と子どもとの関係における子ども軽視や子ども嫌悪の態度に対して、コルチャックは子どもの次の五つの「尊重すべき権利」(das Recht auf Achtung) を挙げている(59)。すなわち、第一には、子どもの無知を尊重し、知る作業を尊重することである。コルチャックによれば、子どもは言葉や法律や慣習を少ししか知らず、困ったときは周囲を見回して指示や助言を求めるので、子どもには問いに答える指導者が必要なのである。それにもかかわらず、知識が少ない子どもに優しく教えるのではなく、うるさく叱って罰するのは悪意にほかならない。第二には、子どもの失敗と涙を尊重することである。子どもは、失敗したことに痛みを感じているのに怒られ、侮辱されることで涙を流しているのであって、それは苦痛の表現と受け入れるべきなのである。また、第三には、子どもの所有物とそのもくろみを尊重することである。すなわち、子どもは本やノートや鉛筆を手に入れるのに貧しい家計を思い煩い、お荷物になりたくないのであって、子どもにとってそうした物を得ることが極めて切実なことであるからである。さらに、第四には、子どもの成長の秘密や成長という困難な仕事の不安定さを尊重することである。言うまでもなく子どもは成長するのであり、成長のあいだは昼夜の別なく変化が起こり、心配や不安がつきまとうのであって、子どもはそうした重荷との闘いを避けて休み安らぐ必要があるのである。そして、第五には、子どもの現在の時間や今日という日と、二度と来ないそれぞれの瞬間を尊重することである。つまり、子どもには明日があるからと言って今やっていることを止めさせたり、急がせてはならないのであって、そうすることは子どもの生命の成熟の重要な瞬間を歪めて害することになるからなのである。

これらの「尊重すべき子どもの権利」には、「子どもたちは人類や人口の、また国民や住民の、そして同胞のなかで多くの割合を占めているのであって、子どもたちは不変の同伴者なのである。彼らは存在したし、存在しているし、存在するのである。」[60]という子ども観が基底となっていて、いわばコルチャックにおいては子どもは大人と同じ存在であって、それゆえ彼らの権利が尊重されるべきであると考えられているのであり、とりわけ「子どもであるとして存在する子どもの権利」(das Recht des Kindes zu sein, was es ist)[61]を尊重することが特に要求されているのである。それゆえ、コルチャックにとっては、「教師の課題は子どもの生活を保障し、子どもが子どもである権利を手に入れさせることである」[62]と言えるのである。

5　コルチャックの子どもの権利論の展開

ヤヌシュ・コルチャックが子どもの権利を論じたのは一九二六年から一九二八年であるが、すでに一九二四年に国際連盟で「ジュネーブ宣言」が採択されていた。「ジュネーブ宣言」の影響を受けて、ポーランドでもポーランド児童保護委員会によって「子どもの権利」の要求が盛んになり、コルチャックも前述したように子どもの権利に関する啓蒙活動に努めていた。一九二八年九月一七日から二三日の一週間、ポーランド児童保護委員会主催で開かれた第一回「子どもの週間」の声明では、飢餓や寒さと貧困と、孤児や悪い家庭環境に苦しむ子どもたちが問題とされたのである。コルチャックもワルシャワでの「子どもの週間」の祭典準備の実行委員会メンバーになっていた[63]ことから、当然彼は「ジュネーブ宣言」を熟知していたのであって、彼は彼の子どもの権利論においてジュネーブ宣言の起案者に対し、「宣言は、権利と義務を取り違え、要求ではなく友好的な勧告に聞こえ、それは好意を求めての請願という善意への訴えである」[64]と評している。

このコルチャックの「ジュネーブ宣言」についての批評は、宣言から数年経ているのにも拘わらず児童の権利宣言が各国政府において立法化されず、保障されていない現実への告発と、また日常的な世界での子どもたちの生活において彼らの権利が権利として強く認識されていないことへの批判と言うべきである。確かに、「ジュネーブ宣言」のなかには孤児の援助が謳われているけれども、コルチャックの批判はまさに「ジュネーブ宣言」が抽象的なお題目に終わっていることへの彼の憤りの言葉とも言えるのである。すなわち、コルチャックが養育に当たった子どもたちは、子どものなかでも家庭環境に恵まれなかった孤児院の子どもたちであり、それも歴史的、社会的に差別されてきたユダヤの子どもたちであったので、彼の「ジュネーブ宣言」の批評は、そうした問題の多い子どもたちとの生活現実からの体験的な批判と言うべきであり、それは平明な言葉による一文ではあるが極めて底の深い意味内容を有していると言えるのである。

ところで、彼の子どもの権利論をエレン・ケイの子どもの権利論と比較してみると、ケイの子どもの権利論は親たちとの関係における子どもの権利をはじめ、子どもの置かれた社会生活環境における子どもの権利に重心があり、それに対してコルチャックの子どもの権利論は、子どもそのものの属性を尊重する権利に重心があると言える。すなわち、ケイが問題とする子どもの権利の第一は子どもが「親を選ぶ権利」であり、また親や大人社会の至らなさから来る子どもの生命の危険を防ぐ「子どもの生存の権利」と「子どもの道徳的成長の権利」であって、それらはいわば大人や社会環境との対自的な子どもの権利論と言えるのである。

他方、コルチャックの子どもの権利論は、エレン・ケイの子どもの権利論が反映された「ジュネーブ宣言」からさらに踏み込んで、子どもの成長や行動において子どもが子どもそのものとして在ることを尊重する即自的な子どもの権利論と言えるのである。このような違いが、いわば前述のコルチャックの「ジュネーブ宣言」への批判的な論評の内実と考えられるのである。

さらに、コルチャックの子どもの権利論と一九五九年の「児童権利宣言」や一九八九年の「子どもの権利条約」との関係性を見てみよう。前述したように、コルチャックは第二次世界大戦中にドイツ第三帝国占領下のポーランドの「トレブリンカ強制労働収容所」の毒ガス室で虐殺されたのであるが、戦後を暫く経てポーランドやその隣国の旧ソビエトやドイツにおける彼の残された著作の出版により、コルチャックの生き様や作品が評価され、彼は著名な人物となった。

戦争の惨禍も癒えぬ一九四五年一〇月、戦争の反省から国際連合が組織され、一九四八年に「世界人権宣言」が採択され、一九五九年には「世界人権宣言」の精神に従って「児童権利宣言」が採択された。「児童権利宣言」は全文一〇条からなり、第一条、第二条、第三条において児童は人種、性別、宗教、出自、社会地位で差別されないこと、心身とともに知的、道徳的、社会的成長ができるように特別な保護を受け、健康に成長する子どもの権利が謳われ、第五条と第六条には障害のある児童と家庭のない児童などの愛情と物質的保障が掲げられ、第七条では教育を受ける権利、第九条では子どもの放任、虐待、搾取からの保護と、児童の売買や有害な若年労働の禁止が掲げられており、第一〇条では世界の平和と友愛のもとで児童の能力が人類に貢献できるように育てられなくてはならないことが謳われている。

これらの子どもの権利の内容は、「ジュネーブ宣言」の権利内容がより具体的に書き直されたものと言えるし、そこにはエレン・ケイやヤヌシュ・コルチャックが論じた子どもの諸権利が謳われているのである。また、一九八九年の「子どもの権利条約」は、その前文に述べられているように、「ジュネーブ宣言」と「児童権利宣言」の精神に留意して起草されたもので、条約署名などの手続きの箇条を含む三部構成から成る全五四条の大部なものである。第一部は、児童の諸権利に関する条文で、子どもの定義から始まり、差別の禁止、生命や生存と発達の確保、国籍身元の保全、意見表現の自由、信教と良心の自由、結社と集会の自由、プライバシーと名誉の保護、通信・情報・メディアの自由の確保、虐待・放任・搾取・児童売買からの保護、難民と武力紛争からの保護、健康・医療・障害児等の社会保障と余暇の確保、文化生活と教育を受ける権利、薬物と有害労働や性的虐待からの保護など、多くの子どもの権利が成文化されている。

この「子どもの権利条約」は、成人を対象にした「世界人権宣言」の権利内容とほとんど変わらない権利が子どものためにも謳われ、「ジュネーブ宣言」や「児童権利宣言」と比べると権利の内容が明確に条文化され、子どもの権利が極めて拡充された内容となっている。とりわけ、この「子どもの権利条約」には、条約であることから、締結国の子どもの権利の尊重と確保の進捗状況を審査する委員会の設置も盛り込まれ、また締結国に報告義務が課せられていて、まさにエレン・ケイやヤヌシュ・コルチャックが標榜して要求した子どもの尊重やその権利を実現して促進する意図が明確になっているると言えるのである。

6 結語

今日では「子どもの権利」が当然のこととして語られているが、子どもの権利の基底として子どもが尊重されるようになったのはそれほど古くはなく、一八世紀後半の教育思想において子どもを子どもとして尊重すべきことが、子どもの権利論に先だって論じられたのである。すなわち、子どもの発見の書と言われるルソー（Jean J. Rousseau, 1712-1778）の一七六二年の著作『エミール』（*Émile ou de l'éducation*）において、子どもを子どもとして尊重すべきことが唱道されたのである。ルソーは、『エミール』の冒頭で「人は子どもというものを知らない。子どもについてまちがった観念を持っているので、議論を進めれば進めるほど迷路にはいりこむ。このうえなく賢明な人々でさえ、大人が知らなければならないことに熱中して、子どもになにが学べるかを考えない。かれらは子どものうちに大人をもとめ、大人になるまえに子どもがどういうものであるかを考えない。」[65]と述べ、「子どもは獣であってても成人した人間であってもならない。子どもでなければならない。」[66]と子どもの固有性を論じ、また子どもは人間生活の秩序のうちにその地位を占めているのであり、人間を人間と考えるように子どもを子どもとして考えなければならない[67]と、子ども尊重の思想を展開している。

このルソーの子ども尊重の思想は、「人権宣言」が発せられたフランス革命の成立もあって、一八世紀から一九世紀にかけて広まり、ドイツ語圏のペスタロッチ（Johann H. Pestalozzi, 1746-1827）やフレーベル（Friedrich W. A. Fröbel, 1782-1852）の教育の思想と活動において結実し、その後二〇世紀の初頭にその復興である「新教育」（New Education）の理念としてデューイ（John Dewey, 1859-1952）やエレン・

ケイ女史とイタリアの教育家モンテッソーリ（Maria Montessori, 1870-1952）女史において継承された。

このような子ども尊重の思想的系譜を辿ると、いわば子ども尊重の思想の第一世代はルソーとその後継者のペスタロッチやフレーベルと、また子どもの労働雇用を規制し、その福祉と教育に尽力したロバート・オウエンである。そして、第二世代は子どもの尊重と権利を高らかに表明したエレン・ケイであり、ヤヌシュ・コルチャックはマリア・モンテッソーリとともに子どもの尊重と権利を論じた第三世代と言えるのである。

モンテッソーリは、コルチャックと同様に第一次世界大戦の暫く後に、その著作『子どもの秘密』（*Il segreto dell' infanzia, The Secret of Childhood* 1936, *Kinder sind anders*, 1952）の冒頭でエレン・ケイの一九〇〇年の著作『児童の世紀』の一句を引用しながら、幼児は人間の精神の秘密を解く鍵であり、生命の秘密を潜在的に持っていて、大人社会の難問題を解決する手掛かりが児童研究から引き出せると述べ(68)、我々は子どもの精神生活の構成要素について知らず、心理学者や教育家によってもこれまで観察・研究されていないものが子どもの内に存在しているのに、大人は子どもの心を大人固有の基準によって判断し、子どもの内にある大人の性格と相違するものを欠陥であるとして矯正し、それが子ども幸せのための愛と信じているが、実際にはそれによって子どもの人格を殺していると述べている(69)。彼女によれば、大人は子どもを愛情で暖め、子どもの発達を妨げる障害を除去し、子どもの発育を促すために環境を整えなければならないのであって(70)、まさに大人の責任は「あらゆる科学的基盤から子どもの欲求を探求し、子どもに相応しい環境を用意すること」(71)なのである。

さらに、モンテッソーリは、親たちは子どもを保護し、また神聖な課題を負う保護という言葉の深い意味において子どもを守らなくてはならないと述べ、特に「子どもの権利」(die Rechte des Kindes) を社会問題とし、子どもの権利を承認させる闘いに参加しなくてはならないと論じている。彼女によれば、子どもたちは社会的に賢明で十分な保護が与えられなくてはならないのであり、子どもたちは後の人類そのものを生み出すのであるから、子どもたちの権利を考慮した社会改造が緊急に求められるのである。すなわち、人類は、子どもの権利無視や子どもに対する虐待に真剣に対処し、子どもの価値や能力とその本性を損なってはならないのである(72)。

かくして、エレン・ケイが言うように、子どもの時代ほど平和を必要とするのであり(73)、平和の内にこそ子どもの幸福が見出されるのであって、またモンテッソーリも言うように子どもの権利を配慮する社会に世界を改造しなくてはならないのである。まさに、今日のイラク戦争やパレスチナ紛争をはじめとする政治と宗教のイデオロギーに絡む世界の争いのなかで、多くの子どもたちが犠牲になっていることを忘れてはならない。すなわち、政治指導者や大人の思惑で子どもたちを戦禍の災いに巻き込んではならないのであって、何よりも彼らに平和を保障することが子どもの権利を尊重する大前提にほかならない。そのことを世界は肝に銘じて、努力しなくてはならないのである。第二次世界大戦下のナチス強制収容所の毒ガス室でのヤヌシュ・コルチャックとユダヤの子どもたちの悲惨な死は、そのことを痛切に物語っているのである。

註

(1)「子どもの権利条約」を提案し、その草案作成に携わった国連人権委員会のポーランド代表アダム・ロパトカ(Adam Lopatka, 1928-2003)は、ヤヌシュ・コルチャックが「子どもの権利条約」の内容である子どもの人権の発案者の一人であったと述べている(新保庄三著『コルチャック先生と子どもたち―ポーランドが子どもの権利条約を提案した理由―』あいゆうぴい、一九九六年、三頁〜五頁参照)。

(2)エレン・ケイの『児童の世紀』は一九〇〇年の初版から一九一三年の第二版と一九二七年の第三版があり、一九〇二年にドイツ語訳が出版されて以来、多くの国で翻訳されてきた。邦訳としては、古くはドイツ語訳本からの大村仁太郎訳『二十世紀は児童の世紀』(同文館、一九〇六年、一九一三年改訂三版)と、英訳本からの原田実訳『児童の世紀』(大同館、一九一六年、改訂版一九六〇年玉川大学出版部)があるが、本研究ではテクストとして小野寺信・百合子氏の原著スウェーデン語からの直接の邦訳『児童の世紀』(冨山房、一九七九年)を使用し、コルチャックの『尊重すべき子どもの権利』はポーランド語原著からのドイツ語訳 *Janusz Korczak Sämtliche Werke*, Bd. 4, Ed. von Friedrich Beiner und Erich Dauzenroth, Gütersloher Verlagshaus, Gütersloher 1999. を用いた。

(3)エレン・ケイ著、小野寺信・百合子訳『児童の世紀』冨山房、一九七九年、一三九頁。

(4)同前書、一四四頁。

(5)(6)同前書、一四〇頁。

(7)同前書、一四一頁。
(8)同前書、一四〇頁。
(9)同前書、一四二頁。
(10)同前書、一四五頁～一四六頁。
(11)同前書、一四四頁。
(12)同前書、一四六頁～一四七頁。
(13)同前書、一四一頁～一四二頁。
(14)同前書、一四二頁～一四三頁。
(15)同前書、一九二頁～一九三頁参照。
(16)同前書、三〇四頁。
(17)同前書、一五八頁～一六〇頁参照。
(18)同前書、三〇三頁～三〇四頁。
(19)同前書、一五頁。
(20)同前書、一〇三頁～一〇四頁。
(21)同前書、五六頁。
(22)同前書、七九頁～八〇頁。
(23)同前書、五五頁。
(24)同前書、五八頁。
(25)同前書、五六頁。
(26)同前書、五八頁。

(27)同前書、三七頁。

(28)同前書、七九頁〜八〇頁。

(29)同前書、六一頁。

(30)同前書、六二頁〜六四頁、六六頁参照。

(31)同前書、三九頁。

(32)同前書、一〇八頁。

(33)同前書、三四頁。

(34)同前書、五〇頁。

(35)同前書、四三頁。

(36)同前書、四一頁。

(37)同前書、四五頁。

(38)同前書、一〇八頁。

(39)同前書、五四頁〜五五頁。

(40)(41)同前書、一二二頁。

(42)同前書、三〇頁。

(43)同前書、一四三頁。

(44)T・レングボルン著、小野寺信、小野寺百合子訳『エレン・ケイ教育学の研究』玉川大学出版部、一九八二年、一七六頁、一八一頁〜一八三頁参照。

(45) Wolfgang Pelzer, *Janusz Korczak*, Rowohlt, Hamburg 1987, 10 Aufl.2007, S.11., Uwe Radtke, *Janusz Korczak als Pädagoge*, Tectum, Marburg 2000, 2 Aufl.2005, S.17f..

(46) Wolfgang Pelzer, *Janusz Korczak*, S.16f., Uwe Radtke, *Janusz Korczak als Pädagoge*, S.23ff..

(47) Uwe Radtke, *Janusz Korczak als Pädagoge*, S.28ff..

(48) Wolfgang Pelzer, *Janusz Korczak*, S.117f., Uwe Radtke, *Janusz Korczak als Pädagoge*, S.34ff..

(49) *Janusz Korczak Sämtliche Werke*, Bd. 4, Ed. von Friedhelm Beiner und Erich Dauzenroth, Gütersloher Verlagshaus, Gütersloher 1999, S.576f..

(50) ibid., S.386ff..

(51) ibid., S.391.

(52) ibid., S.389ff..

(53) vgl., ibid., S.391.

(54) ibid., S.392.

(55) vgl., ibid., S.392f..

(56) (57) ibid., S.394.

(58) ibid., S.395f..

(59) ibid., S.399ff..

(60) ibid., S.399.

(61) ibid., S.406.

(62) ibid., S.412.

(63) ibid., S.575.

(64) ibid., S.401.

(65) ルソー著、今野一雄訳『エミール』上巻、岩波書店、一九六二年、一九六四年四刷、一八頁。

(66)同前書、一一三頁。
(67)同前書、一〇三頁。
(68)Maria Montessori, *Kinder sind anders*, Klett-Cotta, 1987, 1992 7 Aufl., S.15f..
(69)ibid., S.22f..
(70)cf., ibid., S.44ff..
(71)ibid., S.46.
(72)ibid., S.212.
(73)前掲、エレン・ケイ著『児童の世紀』、一四三頁。

ヤ行

ラ行

ワ行

タ行

ナ行

ハ行

マ行

サ行

事項索引

人名索引

ア行

カ行

サ行

タ行

ナ行

ハ行

マ行

ラ行

ワ行

著者紹介

乙訓　稔（おとくに　みのる）　実践女子大学教授

1943年 東京都生まれ

1967年 上智大学文学部教育学科卒業

1972年 上智大学大学院文学研究科教育学専攻博士課程修了

1995年 スイス連邦共和国チューリッヒ大学留学(客員研究員)

2002年 博士(教育学・上智大学論文)

教育学・教育思想専攻

主要著訳書

『ペスタロッチと人権―政治思想と教育思想の連関―』(単著)、『西洋近代幼児教育思想史―コメニウスからフレーベル―』(単著)、『ペスタロッチの哲学と教育学』(翻訳)、『ペスタロッチとルソー』(翻訳)、『ペスタロッチ―その生涯と理念ー』(翻訳)、『フレーベルとペスタロッチ―その生涯と教育思想の比較―』(翻訳)、『教育の論究』(編著)、『教育と人権―人権教育の思想的地平―』(監訳)、『教育政策の原理―比較教育研究―』(翻訳)、『教育の論究 改訂版』(編著)。

西洋現代幼児教育思想史―デューイからコルチャック―

2009年4月30日　初版　第1刷発行　〔検印省略〕

＊定価はカバーに表示してあります

著者©乙訓稔　発行者　下田勝司　印刷・製本　中央精版印刷

東京都文京区向丘1-20-6　郵便振替 00110-6-37828

〒113-0023　TEL 03-3818-5521(代)　FAX 03-3818-5514

E-Mail tk203444@fsinet.or.jp

発行所　株式会社　東信堂

Published by TOSHINDO PUBLISHING CO.,LTD.

1-20-6,Mukougaoka, Bunkyo-ku, Tokyo, 113-0023, Japan

ISBN978-4-88713-914-5　C3037

東信堂